リュ・シウォン食堂

アンニョハセヨ！
ようこそ、「リュ・シウォン食堂」へ！
今や日本は韓流ブーム到来とかで、韓国を訪れてくださる日本人の方がたくさんいらっしゃいます。韓国人の僕としては、心から嬉しく思っていますし、もっともっと韓国のことを知ってもらいたい気持ちでいっぱいです。そして、韓国の役者や歌手など、僕たちの仲間が日本で活躍できるのもファンの皆さんのおかげだと感謝しています。この本は、韓国を愛してくださる皆さんへ、僕の国の料理を知っていただきたくて、心を込めて作りました。料理本と聞いて、「リュ・シウォンって料理人だったの？」って思われる方もいるでしょう。僕は料理人でもコックでもありません。皆さんご存知のとおり、役者＆歌手です。でも、食べるのも作るのも大好き！　だからこの本への思いはひとしおです。

オモニ（母）の作ってくれた料理を食べて育った僕は、小さいころからとても健康で、病気ひとつしたことがありません。子どもは往々にして「ピーマン嫌い！」「にんじん嫌い！」と好き嫌いがあるもの。だけど僕はまったくなかったのです。オモニの作ってくれる料理は、どんな高級レストランでもかなわない絶妙の味を生み出し、家族団らんの食卓を彩り、会話を弾ませ、家族を笑顔に変える不思議な力が秘められていました。それはきっとオモニから家族への「愛」の贈り物だったのではないでしょうか。今、成長した僕がこうして日本と韓国を忙しく飛び回れるのも健康な体があってこそ。そんなかけがえのないプレゼントをしてくれた両親に深く感謝しています。

韓国料理は「薬食同源」の考えに基づいています。病気になって薬を飲むのでなく、毎日の食事で病気を予防して健康を守るという考え方。韓国特有の味を出すとうがらしやにんにく、ねぎ、ごま、ごま油などの複合調味料は「薬念」（ヤンニョン）といって、料理には欠かせません。僕の食堂でもヤンニョンを使った料理がずらりと勢ぞろい。日本にもヤンニョンはあると思うけれど、韓国では毎日使うものだから種類も豊富。使う種類によって家庭の味も微妙に違ってきます。この本で紹介する料理は、韓国の素材ではなく、日本の材料を使って、日本の方々に喜んでもらえるようにアレンジしてあります。手に入りやすい材料を使って気楽に作ってください。またメニューの中には韓国にはない材料や調理法が含まれていることもありますが、日本の皆さんが家庭で手軽に作れるように考えたレシピはどれも僕の自信作です。だからきっと喜んでもらえると信じています。

食べることが好きな僕は、韓国で料理番組の司会をしています。「男子厨房に入らず」の精神は韓国も日本もあるようですが、どこの家庭でもお正月の準備は子どもたちがオモニのお手伝いをします。餃子を作ったり、野菜の皮をむいたり、切ったり…と。だから一人暮らしをはじめても自分で料理をすることはそんなに苦ではありません。休日にはキムチチャーハンやチャプチェを作って、オモニの味を思い出しています。朝の散歩をしたり、買い物へ行ったり、料理を作ったり、部屋でくつろいだり…。僕といっしょにおいしい韓国料理を味わいながら、穏やかな時の流れる休日をいっしょに過ごしましょう。

朝ごはん

なすのピリ辛ナムル 10

ほうれん草の味噌味ナムル 10

豆もやしの塩味ナムル 10

にんじんの甘酢ナムル 10

大葉漬け 12

シンプル白粥 12

とろとろピーナッツ粥 14

とろとろ黒ごま粥 16

白玉団子のかぼちゃ粥 18

鶏と豆乳のクリーミークッパ 20

あさりと岩のりのさっぱりクッパ 22

昼ごはん

韓国風のり巻き 28

手作り韓国のり 28

水キムチ 28

さきいかのピリ辛和え 30

肉味噌ごはん野菜巻き 31

れんこんのもっちり蒸し(れんこんチム) 32

石焼きビビンパプ 34

餃子のスープ 36

リュ・シウォン流 キムチチャーハン 38

じゃがいもすいとん 42

わかめともやしのさっぱりスープ 44

さばのキムチ煮 45

あさりの冷たい豆乳そうめん 46

レバーと野菜の串焼き 48

リュ・シウォン食堂

おやつ

柚子のゼリー 52

ハニージンジャーかりんとう 54

あずき餅 56

くるみとクリームチーズのあんぽ柿デザート 58

黒砂糖とピーナッツの韓国風ホットケーキ 60

夜ごはん

五穀おこわ 66

韓国風岩のりの茶碗蒸し 66

ユッケジャンスープ 68

納豆チゲ 70

チャプチェ 72

揚げ餅ダッカルビ 76

イサキの蒸し物 77

プルコギトリオ 78

参鶏湯（サンゲタン）......... 80

ゆで豚のあみソースがけ 82

わたり蟹とごぼうの春雨鍋 84

にらとシーフードのパジョン 86

おさしみビビンパプ 88

スペアリブとゆで卵のコチュジャン煮 90

題字：リュ・シウォン

朝ごはん

가지나물 (까지낫) なすのピリ辛ナムル

<材料・2〜3人分>
なす 小2本
A ┌ しょうゆ 大さじ 1/2
　├ 砂糖 小さじ 1/4
　├ 粉とうがらし（中粗挽き） 小さじ 1/2
　├ おろしにんにく 小さじ 1/8
　├ 長ねぎのみじん切り 大さじ 1/2
　└ 白いりごま 小さじ 1

【作り方】
1　なすはへたを切り、耐熱皿にのせてラップをかけ、500Wの電子レンジで2分加熱。粗熱がとれたら、手で細めにさく。
2　ボウルにAを混ぜ、1を加えて和える。

※ 韓国の食卓には必ず2〜3種類のナムルとキムチが並ぶよ。

시금치나물 (시금낫) ほうれん草の味噌味ナムル

<材料・2〜3人分>
ほうれん草 1束（180g）
A ┌ コチュジャン 小さじ 1
　├ 砂糖 小さじ 1
　├ 酢 小さじ 1/4
　├ おろしにんにく 小さじ 1/2
　├ 長ねぎのみじん切り 大さじ 1/2
　├ 白すりごま 大さじ 1/2
　└ ごま油 小さじ 1

【作り方】
1　ほうれん草は塩ゆでし、流水で洗ってから水気を絞る。5cm長さに切り、再度水気を絞る。
2　ボウルにAを混ぜ、1を加えて和える。

※ 僕がよく食べるナムルの1つ。ほうれん草が体力増進にいいんだ。

콩나물 (조츠싯)
豆もやしの塩味ナムル

<材料・2〜3人分>
豆もやし　1袋（200g）
塩　小さじ1/2
A
- 塩　小さじ 2/3〜1
- こしょう　適量
- 砂糖　小さじ 1/2
- おろしにんにく　小さじ 2/3
- 長ねぎのみじん切り　大さじ 2
- 白いりごま　小さじ 2
- ごま油　大さじ 2
- 顆粒鶏がらスープ　少々

【作り方】
1　鍋に豆もやしと塩を入れ、水をひたひたに注いで強火にかける。沸騰後、約1分ゆで、ザルにあけて冷ます。
2　ボウルにAを混ぜ、1を加えて和える。

※ もやしは水からゆでるとシャキッとするよ。

당근나믈 (당근싯)
にんじんの甘酢ナムル

<材料・2〜3人分>
にんじん　180g
塩　小さじ 1/4
A
- 塩　小さじ 1/4
- 酢　大さじ 1 1/2〜2
- 砂糖　大さじ 2/3〜1
白ごま（トッピング用）適量

【作り方】
1　にんじんは5cm長さのせん切りにし、塩小さじ1/4をまぶしてしばらく置く。
2　ボウルにAを混ぜ、1の水気を絞って和える。最後に白ごまをふる。

※ 韓国ではにんじんのナムルはないけど、日本では頻繁に食べられるよね。塩で水分を出しておくとにんじんの色があせないまま4〜5日はもつよ。

깻잎 大葉漬け

<材料・2〜3人分>
大葉 20枚

A
- しょうゆ 大さじ2
- 砂糖 小さじ1
- 水 大さじ1
- 顆粒鶏がらスープ 少々
- 粉とうがらし（中粗挽き）小さじ2
- おろしにんにく 小さじ1/2
- にらのみじん切り 大さじ2
- 白いりごま 大さじ1/2
- ごま油 大さじ1

【作り方】
1 ボウルにAを混ぜる。
2 容器に大葉を1枚敷き、1をスプーンで小さじ1のせる。これを繰り返す。

※ 韓国では大葉漬けはナムル感覚で食べるから、白粥との組み合わせはここだけだね。お粥をタレのついた大葉でくるんで食べるとおいしい。汁もかけると旨いよ。

흰죽 シンプル白粥

<材料・2人分>
- 米 1カップ
- 水 6カップ
- 塩 小さじ1/2
- ごま油 小さじ2

[作り方]
1 洗った米と水を鍋に入れ、強火にかける。沸騰後、弱火にして約30分煮る。
2 塩で味をととのえ、最後にごま油をたらす。

※ 白粥を食べるのは病気のとき。そばにいる人が病気のとき、僕も作ってあげることがあるよ。

땅콩죽 とろとろピーナッツ粥

<材料・2〜3人分>
米　1/2カップ
ピーナッツ　1/2カップ
水　600cc
塩　小さじ1/2
飾り用ピーナッツ　適量

★準備
・米は洗い、約1時間浸水させる。
・ピーナッツは約1時間浸水させる。

【作り方】
1. 米とピーナッツをザルにあげ、ミキサーに入れる。水の半量を加え、米とピーナッツの粒が小さくなるまでミキサーにかける。
2. ボウルに1をザルでこし、ザルに残ったものをミキサーに戻す。残りの水を加えて再びミキサーにかけ、もう一度こす。
3. 2を鍋に移し、混ぜながら強火にかけ、とろみがついてきたら弱火にし、ときどき混ぜながら焦がさないように約15分煮る。塩で味をととのえ、最後にピーナッツの粗みじんを飾る。

※ 韓国ではピーナッツのお粥はあまり食べないけれど、ピーナッツは香ばしくて僕は好きだな。松の実を入れるのもおすすめ。

ピーナッツの殻むきは僕の得意技。

흑임자죽
とろとろ黒ごま粥

<材料・2〜3人分>
米　1/2カップ
黒いりごま　1/2カップ
水　600cc
塩　小さじ1/2
黒ごま　適量

★準備
・米は洗い、約1時間浸水させる。
・黒ごまは、約1時間浸水させる。

【作り方】

1. 米と黒ごまをザルにあけミキサーへ入れる。半量の水を注ぎ、米と黒ごまの粒が小さくなるまでミキサーにかける。
2. ボウルに1をこして入れ、ザルに残ったものをミキサーに戻し、残りの水を加えて再びミキサーにかけ、もう一度こす（ザルに残ったものは絞って捨てる）。
3. 2を鍋に移し、混ぜながら強火にかけ、とろみがついてきたら弱火にし、ときどき混ぜながら焦がさないように約15分煮る。塩で味をととのえてから黒ごまをトッピング。

※ このお粥は昔よく食べられていたんだ。色は真っ黒だけど風味があって栄養満点。

ごまをすったときの香りってたまらないよね。

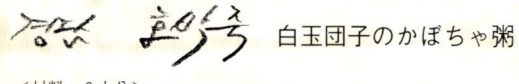 白玉団子のかぼちゃ粥

<材料・2人分>
かぼちゃ（種とわた、皮を除き、2cm角に切る）正味250g
水 1 1/2カップ
A ┌ 白玉粉 40g
  └ 水 大さじ3 1/2〜4
塩 小さじ1/3

【作り方】
1 かぼちゃはさっと水にくぐらせ、耐熱皿にのせてラップをかける。500Wの電子レンジで3分加熱し、粗くつぶしておく。
2 鍋に1と水を入れ、火にかける。アクを取りながら約20分煮る。
3 ボウルにAを合わせ練り、耳たぶくらいのかたさになったら14等分に丸める。
4 2に3を加えて煮る。白玉団子に火が通ったら塩で味をととのえ、器に盛る。

※ 韓国の伝統料理の1つで、韓国では白玉じゃなくてトック（韓国の餅）を使う。小腹がすいたときに、間食感覚で食べるんだ。

鶏と豆乳のクリーミークッパ

<材料・2人分>

- A
  - 鶏ささみ肉　2本
  - 水　1カップ
  - 顆粒鶏がらスープ　小さじ1/2
  - ズッキーニ　1/3本（50g）
  - 生しいたけ　2枚
- 豆乳　1 1/2カップ
- B
  - 塩　小さじ1/3
  - こしょう　適量
- ごま油　小さじ1
- ご飯　茶わん2杯分

★ 準備
- 鶏ささみ肉はスジを除く。
- ズッキーニは3cm長さの拍子木切りにする。
- 生しいたけは石づきを除いて薄切りにする。

【作り方】

1. 鍋にAを入れ、強火にかける。沸騰後、弱火にしてささみに火を通す。火が通ったら取り出して粗熱をとり、手でさいておく。
2. 1の鍋に豆乳を加え、沸騰させないように温めてささみを戻す。Bで味つけし、仕上げにごま油をたらす。
3. 器にご飯を盛り、2をかける。

※ 韓国には豆乳めん（コングッス）はあるけれど、クッパで豆乳は使わないんだ。そうめんをご飯に変えてみる、こんな食べ方もなかなかだね。

조개살 듬뿍국밥
あさりと岩のりのさっぱりクッパ

<材料・2人分>

A
- あさり 150g
- 長ねぎ 10cm
- 水 2 1/2カップ
- 顆粒鶏がらスープ 小さじ1

B
- 塩 小さじ1/2
- こしょう 適量

卵 1個
ごま油 小さじ1
ご飯 茶わん2杯分
岩のり 適量
韓国生とうがらし(赤)適量

★準備
・あさりは塩水につけて砂出ししておく。
・長ねぎと韓国生とうがらしは斜め薄切りにする。

【作り方】

1 鍋にAを入れ、ふたをして強火にかける。あさりの口が開いたらアクをとり、Bで味をつける。仕上げに溶き卵を回し入れ、半熟状になったら火を止め、ごま油をたらす。

2 器にご飯を盛って1をかける。岩のりをのせ、韓国生とうがらしをのせる。

※あさりはスープにして食べることが多いんだけど、ご飯を入れて日本風にしてみたよ。

新聞に目を通すことから僕の一日が始まるよ。

昼ごはん

韓国風のり巻き

<材料・1本分>
あたたかいご飯　180g
A ┌ 塩　小さじ1/3
　└ ごま油　小さじ1
ほうれん草の味噌味ナムル　20g
（朝ごはんP10参照）
にんじんの甘酢ナムル　20g
（朝ごはんP11参照）
ぜんまいと牛肉のナムル　20g
（石焼きビビンバブ P34参照）
手作り韓国のり　1枚

【作り方】
1　ご飯にAを加えて混ぜ、人肌に冷ます。
2　3種類のナムルを作る。（作り方は材料と同じページ参照）
3　巻きすにのりをのせ、1のご飯を広げ、2の具をのせて巻く。

手作り韓国のり

<材料・4枚分>
焼きのり　4枚
ごま油　適量
岩塩　適量

【作り方】
1　焼きのりの片面に、ごま油をはけでさっと塗る。岩塩を2～3つまみふり、両面を直火であぶる。
2　1を6～8等分に切る。

水キムチ

<材料・2～3人分>
白菜　200g
大根　150g
塩　小さじ2
A ┌ 水　2カップ
　│ にんにくの薄切り　1/2片
　│ しょうがの薄切り　1/2片
　│ にら　1/4束
　│ 梨　50g
　└ 韓国生とうがらし（赤）1本

★準備
・大根と梨は薄いいちょう切りにする。
・白菜は食べやすい大きさに切る。
・にらは3cm長さに切る。
・韓国生とうがらし（赤）は斜め薄切りにする。

【作り方】
1　白菜と大根に塩をふり、15分おく。
2　1にAを加え、常温に5～6時間おく。

※ 作ってすぐは浅漬け風。冷蔵庫に2～3日おいておくと、酸味が出ておいしくなるよ。

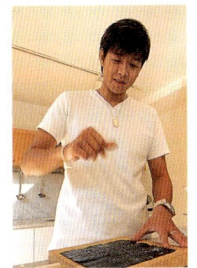

のり巻きは日本のおにぎりみたいなもの。韓国の人たちもみんな大好き。ピクニックや旅行に出かけるときに持っていくんだ。子どものころにはオモニの手伝いでよく作ったな。巻くのは結構うまいよ。学校の前にものり巻きの店があって、学生のころはよく買って食べたんだ。中に入れる具は、たくわんやほうれん草、にんじん、卵焼き、牛肉炒め、ハムが定番。でも最近はシーフードやチーズ、キムチが入ったニューフェイスも。韓国では「シーフードのり巻き」というように具の名前をつけて売ってるんだ。ちなみにこれは「ナムルのり巻き」ってことだね。それから水キムチはキムチやナムルと同じ感覚で食べるもの。のり巻きといっしょにというのはニュースタイルだね。

마른 은징어채 무침
さきいかのピリ辛和え

<材料・2人分>
さきいか　50g

A
- しょうゆ　大さじ1/2
- 砂糖　大さじ1/2
- コチュジャン　大さじ1/2
- 粉とうがらし（中粗挽き）小さじ1
- おろしにんにく　小さじ1/2
- ごま油　大さじ1
- 白いりごま　大さじ1/2

【作り方】
1. さきいかがつかるくらいの水に約15分つける。
2. ボウルにAを混ぜ、1のさきいかの水気を絞って和える。

※ オモニの作ってくれるお弁当によく入っていたおかず。どこの家庭でもふだん作る料理の1つ。とてもポピュラーだよ。

肉味噌ごはん野菜巻き

<材料・4人分>

牛ひき肉　100g

A
- コチュジャン　大さじ2
- 味噌　大さじ2
- 砂糖　小さじ1〜1 1/2
- 酒　大さじ1
- 水　大さじ2
- おろしにんにく　小さじ1/2

ごま油　大さじ1 1/2
松の実　大さじ2
ご飯　適量
サンチュ、えごまの葉、
きゅうり、あさつき、
パプリカ（赤・黄）各適量

【作り方】

1. 熱したフライパンにごま油を入れ、牛ひき肉をぽろぽろになるまで炒める。
ここへAを加え、水分をとばしながらさらに炒める。仕上げに松の実を加えて混ぜる。

2. サンチュかえごまの葉にご飯をのせ、1の肉味噌と好みの野菜をくるんで食べる。

※ 焼肉スタイルのプルコギでは肉を野菜に巻いて食べるけれど、ご飯といっしょに巻くのは韓国にはないスタイル。肉味噌だけを食べることはあるけどね。これは日本の手巻き寿司とミックスさせてみたよ。

れんこんのもっちり蒸し（れんこんチム）

<材料・2人分>
れんこん　150g
小麦粉　大さじ1

A
- しょうゆ　小さじ2
- 砂糖　小さじ1
- 粉とうがらし（中粗挽き）小さじ1/2
- おろしにんにく　小さじ1/4
- にらのみじん切り　大さじ1強
- ごま油　大さじ1/2

★準備
・れんこんは1cm厚さの輪切りに（大きいものは半月切りに）する。

【作り方】
1　れんこんに小麦粉をまぶし、バットかセイロに並べる。蒸気のあがった蒸し器で約10分蒸す。
2　ボウルにAを合わせて、1を加えて全体にからめる。

※　僕の大好きなれんこんの料理。れんこんは歯ごたえもあるし、なんといっても形がおもしろい。僕は甘いタレの味付けが好きなんだ。

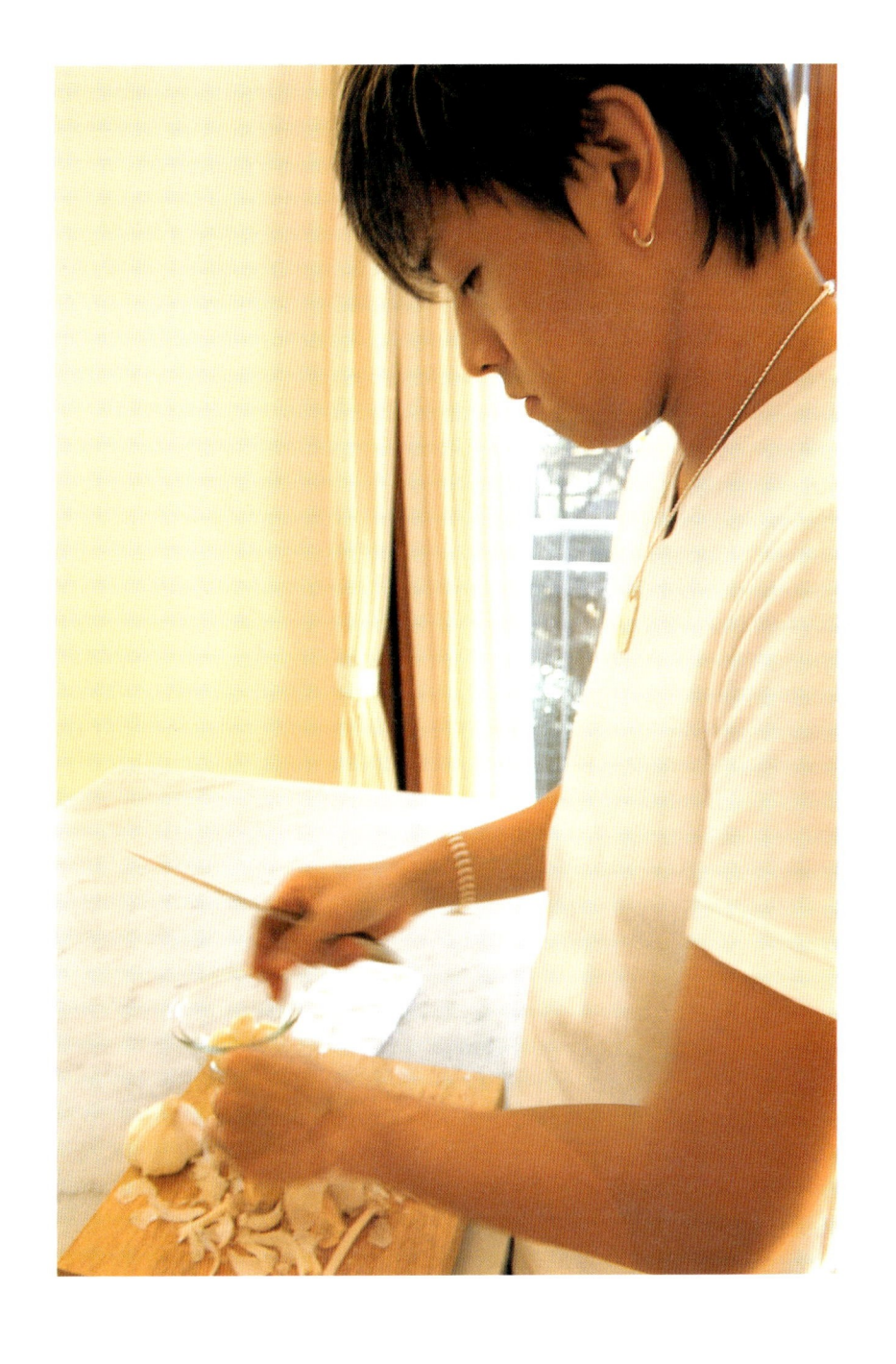

料理をしていると真剣になり過ぎて、ついつい無口になっちゃう。

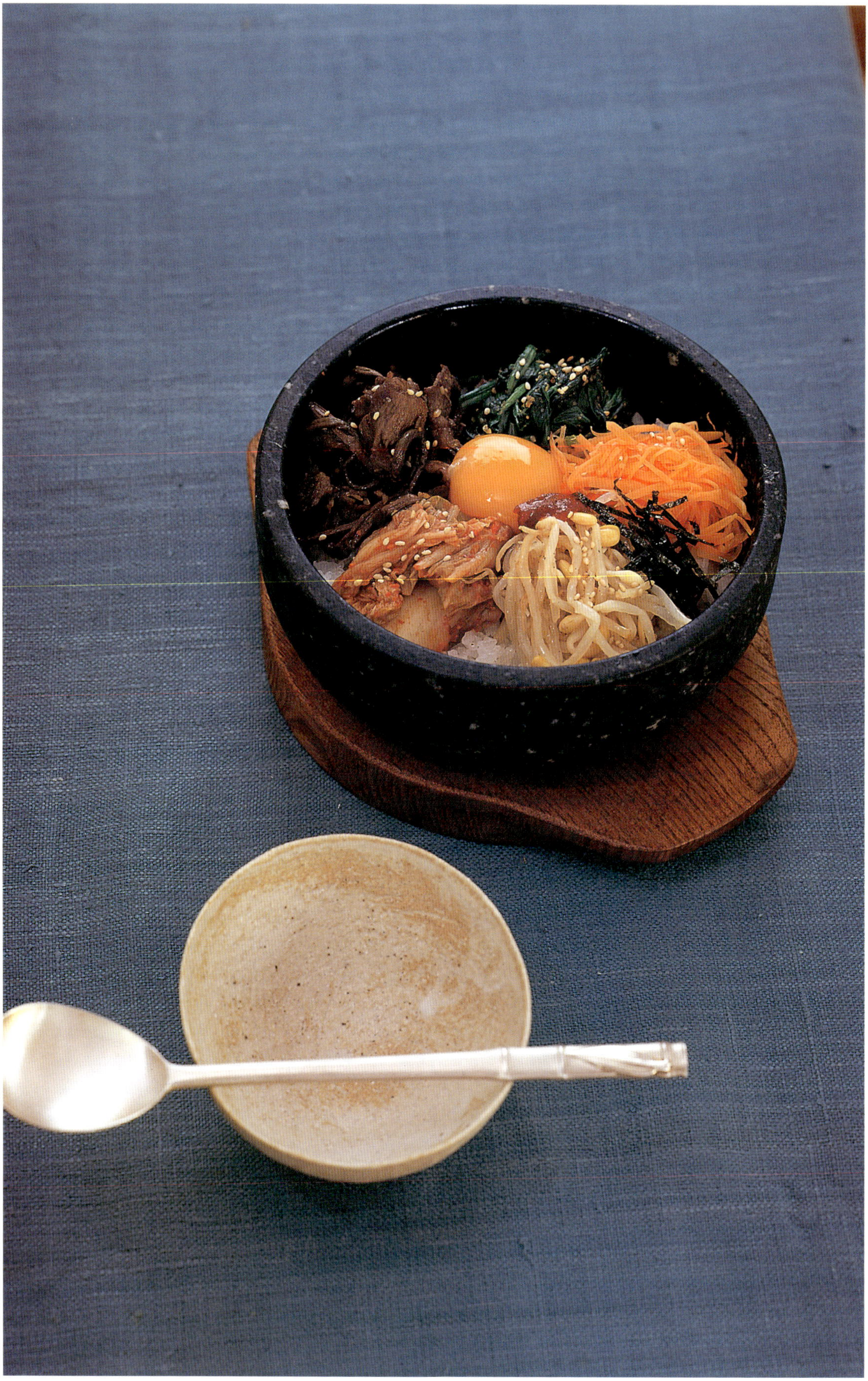

石焼きビビンパプ

<材料・2〜3人分>
豆もやしの塩味ナムル　150ｇ（朝ごはんP11参照）
ほうれん草の味噌味ナムル　150ｇ（朝ごはんP10参照）
にんじんの甘酢ナムル　150ｇ（朝ごはんP11参照）

■ぜんまいと牛肉のナムル
ぜんまいの水煮　60ｇ
牛こま切れ肉　60ｇ
にんにくのみじん切り　小さじ2

A ┌ 酒　大さじ1
　├ 砂糖　大さじ1
　└ しょうゆ　大さじ2

ご飯　茶碗2〜3杯分
卵黄　1個
コチュジャン、いりごま、きざみのり、ごま油　各適量

【作り方】
1　3種類のナムルを作る。（朝ごはんP10〜11参照）
2　ぜんまいと牛肉のナムルを作る。ぜんまいはゆでて食べやすい長さに切る。フライパンにごま油を熱し、牛肉の色が変わるまで炒める。にんにくとぜんまいも加えてサッと炒め、Aを加えて、水分がなくなるまで炒める。
3　石焼き鍋を煙が出るくらいまで熱し、多めのごま油を入れてご飯を広げ入れる。1と2の具を彩りよくのせ、卵黄を真ん中にのせる。鍋肌からごま油を回し入れ、ご飯に焦げ目ができるまで火にかける。
4　最後にコチュジャン、いりごま、きざみのりを飾る。

日本でもよく知られている料理だよね。ビビンは「混ぜる」、パプは「ご飯」という意味。ビビンパプの本場は韓国・全州（チョンジュ）。2002年に日韓共催ワールドカップが開催された都市なので覚えている人も多いんじゃないかな。全州は食べ物がおいしいことで有名な場所。ビビンパプ発祥の地なんだ。オリジナルのビビンパプは焼かない料理で皿に盛るスタイル。だけど、石焼きにするとおこげができておいしいよ。ナムルなんかをのせて、彩りよく盛りつければ見た目もきれいだし。それにジュージューという音がいい効果音になって食欲をそそる。日本でも石焼き鍋は売ってるから、家でも簡単にできちゃうよ。

만두국 餃子のスープ

<材料・2~3人分>
餃子の皮　20枚
木綿豆腐　50g

A
- 合びき肉　100g
- 塩・こしょう　各少々
- しょうゆ　小さじ1/2
- おろしにんにく　少々
- 白菜キムチのみじん切り　40g
- 長ねぎのみじん切り　大さじ2
- ごま油　小さじ1

B
- 水　4カップ
- 顆粒チキンコンソメ　大さじ1/2

C
- 塩　小さじ1/3
- しょうゆ　小さじ1
- ごま油　小さじ1

万能ねぎ、糸とうがらし　各適量

★準備
・豆腐はペーパータオルに包み耐熱皿にのせる。500Wの電子レンジで2分加熱して水切りする。
・万能ねぎは斜め薄切りにする。

【作り方】
1　ボウルにAを合わせて練り、粗熱がとれた豆腐も加えてさらに練る。
2　餃子の皮のふちに水をつけ、1をのせて包む。
3　鍋にBをひと煮立ちさせ、Cで味つけする。2を加え、3分くらいゆでて器に盛り付ける。万能ねぎと糸とうがらしを飾る。

※ 昔はお正月に食べる料理で、子どものときはオモニに教わってたくさん餃子を作ったんだ。兄も妹もいっしょにわいわいしゃべりながらね。最近はお正月だけではなくて、食堂でも食べられるようになった。スッカラ（スプーン）でスープといっしょにすくってツルンと口にほおばって。

皮の口をしっかりとめて、端と端をくっつけたらできあがり。

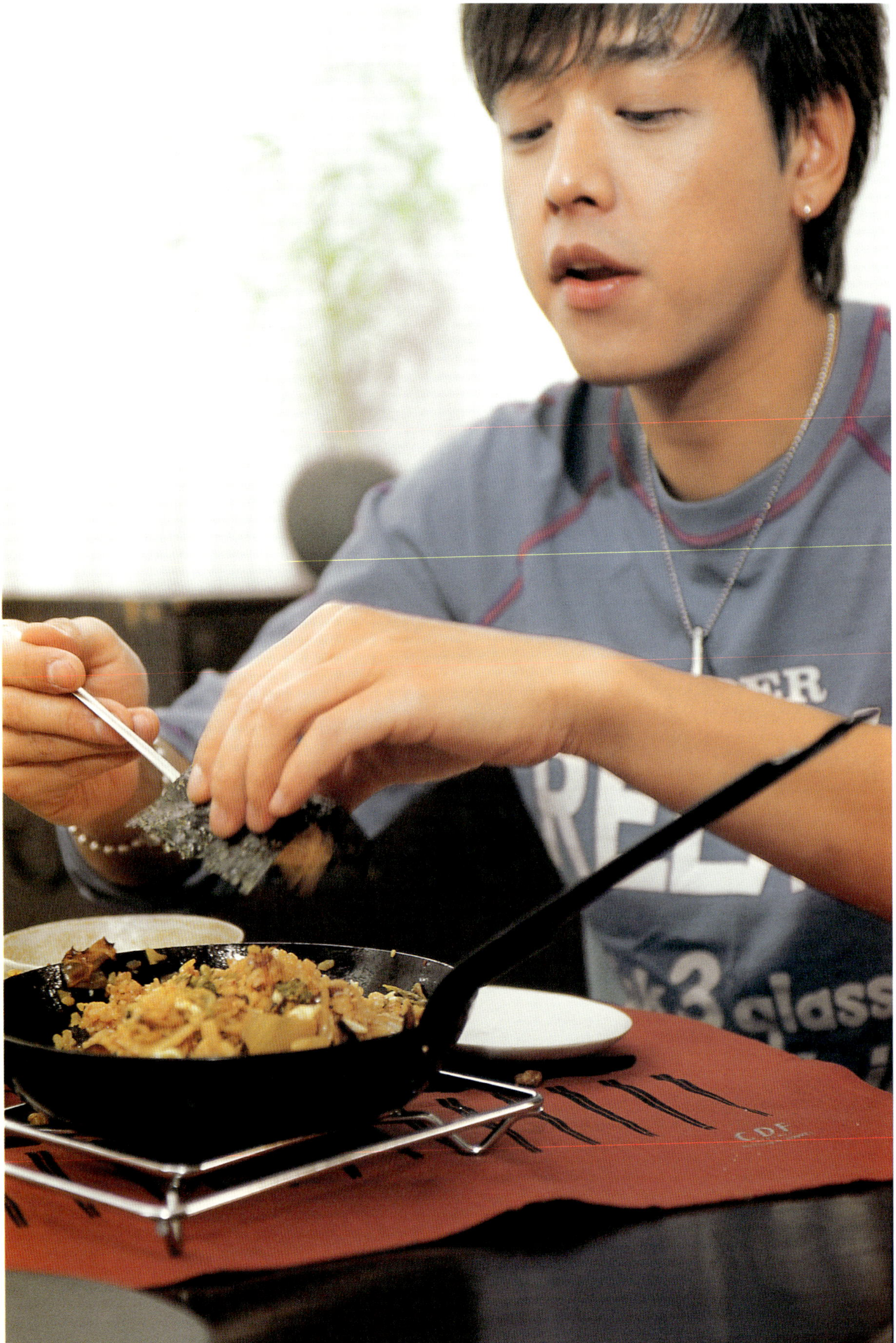

ふつうキムチは切らないけど、大きさをそろえておくとできあがりがきれいだよ。　　　　　　　　マーガリンとバターを使うのが、味の決め手。
これは僕だけのやり方なんだ。

リュ・シウォン流　キムチチャーハン

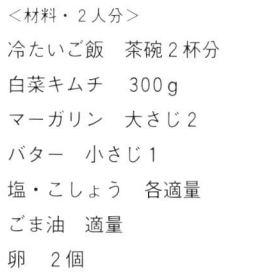

<材料・2人分>
冷たいご飯　茶碗2杯分
白菜キムチ　300g
マーガリン　大さじ2
バター　小さじ1
塩・こしょう　各適量
ごま油　適量
卵　2個
サラダ油　適量
白いりごま、韓国のり、塩・こしょう　各適量

【作り方】

1　フライパンにマーガリンを入れて溶かし、白菜キムチを炒める。
2　1へバターを加えて混ぜ、ご飯とキムチの汁を適量加える。全体に混ざったら、フライパンにご飯を押さえつけるようにして炒める。
3　ごま油を鍋肌から回し入れ、焦げ目がつくようにさらに焼く。塩・こしょうで味つけをする。
4　別のフライパンにサラダ油を熱して、半熟の目玉焼きを作る。塩・こしょうで味つけする。
5　3のチャーハンを皿に盛り、4をのせて白いりごまをふる。

※ 食べるときは黄身をつぶしてご飯に回しかける。混ぜたチャーハンを韓国のりで巻いて、ほおばるのがシウォン流。

キムチを炒めたら次はご飯！　キムチの汁も入れるとおいしくなるよ。

キムチチャーハンは自分でもよく作るからこだわりがあるんだ。僕がいろいろ研究してたどり着いた隠し味はマーガリンとバター。風味がよくなってちょっと差がつくよ。あとはご飯をパラパラに炒めてから、ごま油を加えること。ご飯とキムチが混ざりやすくなって味もグンとよくなるからね。それからフライパンに押し付けるようにして焦げ目をつけるんだ。

炒めたらフライパンにご飯を押し付けて焦げ目をつけるのがコツ。

ご飯をのりで巻いたら、パクッと一口で食べるんだ。

目玉焼きはダブルが僕流。黄身をスプーンですくってご飯にかけて…っと。

韓国は、お皿に盛ったりしないでフライパンのまま食卓で食べるんだ。できたての熱々を豪快に"混ぜて、混ぜて"がコツ。最後に僕の大好きなごまをたっぷりかけるのも忘れちゃいけないね。混ぜる前に目玉焼きの黄身をご飯にかけておくと、これがおこげにからまっておいしいよ。ご飯をのりで巻いて食べるのも僕流だから忘れないで。僕のコツ、しっかり覚えてやってみて！

じゃがいもすいとん

<材料・2人分>
じゃがいも　3個（250g）
にんじん　50g
玉ねぎ　1/2個（80g）
ズッキーニ　1/2本（80g）
生しいたけ　2枚
煮干のだし汁　4カップ
A ┌ おろしにんにく　小さじ1
　│ 塩　小さじ1
　└ こしょう　適量
B ┌ 小麦粉　120g
　└ 水　大さじ1/2〜1/2カップ強
サラダ油　適量
ごま油　小さじ2

★準備
・じゃがいもとズッキーニは1cm幅の半月切りにする。
・にんじんは5cm長さのたんざく切りにする。
・玉ねぎは1cm幅のくし切りにする。
・生しいたけは石づきを除いて薄切りにする。

【作り方】
1　鍋にサラダ油を熱し、野菜を炒める。だし汁を加えてひと煮立ちさせ、弱火にして野菜に火を通してからAで味つけする。
2　ボウルにBを入れてスプーンで練り、一口大の大きさで1へ落として火を通す。仕上げにごま油をたらす。

※ とても庶民的な料理で昼食や夜食に人気がある家庭料理。ズッキーニはホバク（韓国かぼちゃ）といっていろんな料理に使うけれど、炒めると色がさえてきれいになるから見た目もおいしそうだよね。僕的にはズッキーニを細く切ったのが好きなんだ。

一生懸命作るよ。楽しい料理は君と僕の一緒時間。

미역국

わかめともやしのさっぱりスープ

<材料・2人分>
塩蔵わかめ（水で戻したもの）　40 g
もやし　40 g
A ┌ 水　2 1/2カップ
　 └ 顆粒鶏がらスープ　小さじ1/2
鶏ささみ肉　1本
B ┌ しょうゆ　小さじ1
　 ├ 塩　小さじ1/4
　 └ こしょう　適量
ごま油　小さじ1/2
白いりごま　小さじ1

★準備
・わかめは熱湯でさっとゆでてザルにあげ、粗熱がとれたら食べやすく切る。
・鶏ささみ肉はスジを除いておく。

【作り方】
1　鍋にAを入れて強火にかける。
2　沸騰後、弱火にして鶏ささみ肉を加え、火を通す。火が通ったら取り出して粗熱をとり、手でさいておく。
3　2の鍋にわかめともやしを加え、鶏ささみ肉を戻し入れてBで味つけする。仕上げにごま油をたらし、白いりごまをふる。

※誕生日は「わかめスープ」が韓国流。誕生日の人がいたら「食べた？」と聞いて、もし食べてなかったらまわりの人が作ってあげるんだ。韓国では具は1種。もやしを加えたのが日本風。

さばのキムチ煮

<材料・2人分>
さば　1/2尾

A
- 白菜キムチ　100g
- 長ねぎ　1/2本
- おろしにんにく　小さじ1/2
- 水　1 1/2カップ
- 酒　大さじ1
- 砂糖　小さじ2
- しょうゆ　大さじ1
- 白すりごま　大さじ1
- ごま油　大さじ1

ご飯、グリーンカール、春菊、ミニトマト　各適量

★準備
・さばは半分に切る。
・長ねぎは斜め薄切りにする。

【作り方】
1　鍋にAを合わせ、ひと煮立ちさせる。
2　1にさばを加え、落としぶたをして煮る。
3　野菜にご飯と身をほぐしたさばをのせて包んで食べる。

※ さばのキムチ煮っていうのは、ありそうだけど韓国にはない。でもコチュジャン（とうがらし味噌）で煮るさばの煮物はポピュラーだよ。

조개수제비 두유 소면 あさりの冷たい豆乳そうめん

<材料・2人分>
そうめん　200g

A
- あさり　150g
- 水　1/2カップ
- 顆粒鶏がらスープ　小さじ1
- 大根　50g

豆乳　1カップ

B
- おろしにんにく　小さじ1
- 塩　小さじ1/4
- 味噌　大さじ1
- 白練りごま　大さじ2

ごま油　大さじ1/2
水菜　30g
糸とうがらし　適量

★準備
・あさりは塩水につけて砂出しをする。
・大根は4cm長さの短冊切りにする。
・水菜は4cmに切る。

【作り方】
1　鍋にAを入れて強火にかけ、ひと煮立ちしたら弱火にする。あさりの口が開いたら、豆乳を加えて沸騰させないように温めてBで味をつける。仕上げにごま油を加え、冷やしておく。
2　そうめんを熱湯でゆで、流水で洗う。水気を切って皿に盛る。ここへ1をかけ、水菜と糸とうがらしを飾る。

※ 韓国の「コングックス」(豆汁)に近いかな。コンとは豆のこと、グッはスープのこと。豆汁は豆乳とはちょっと違うけれど、色はこんな感じかな。夏を代表する料理だよ。

ゆったりとした午後。僕の書いた手紙、君に届くかな？

レバーと野菜の串焼き

<材料・5本分>

牛レバー 200g
生しいたけ 6枚
ししとうがらし 12本
パプリカ（赤と黄） 各1/2個

A
- しょうゆ 大さじ2
- 砂糖 大さじ1
- 酒 小さじ1
- 長ねぎのみじん切り 大さじ2
- おろしにんにく 小さじ1
- しょうが汁 小さじ1/2
- 白すりごま 大さじ1/2
- こしょう 適量
- ごま油 大さじ1

酒 適量

★準備
・レバーは食べやすい大きさに切る。
・生しいたけは石づきをとって半分に切る。
・ししとうがらしは切り込みを入れておく。
・パプリカは1.5cm幅に切る。
・ボウルにAを混ぜておく。

【作り方】
1 金串に具材を交互にさす。
2 フライパンに1を並べ、具の上にAのタレをかける。酒をふり入れてからふたをし、焦がさないように両面を焼く。

※ 記念日や誕生日などのイベントがあるときに作る料理。僕はレバーが好きだからレバーにしたけれど、たいていは牛肉を使うみたいだね。

料理の合間にちょっと一休み。

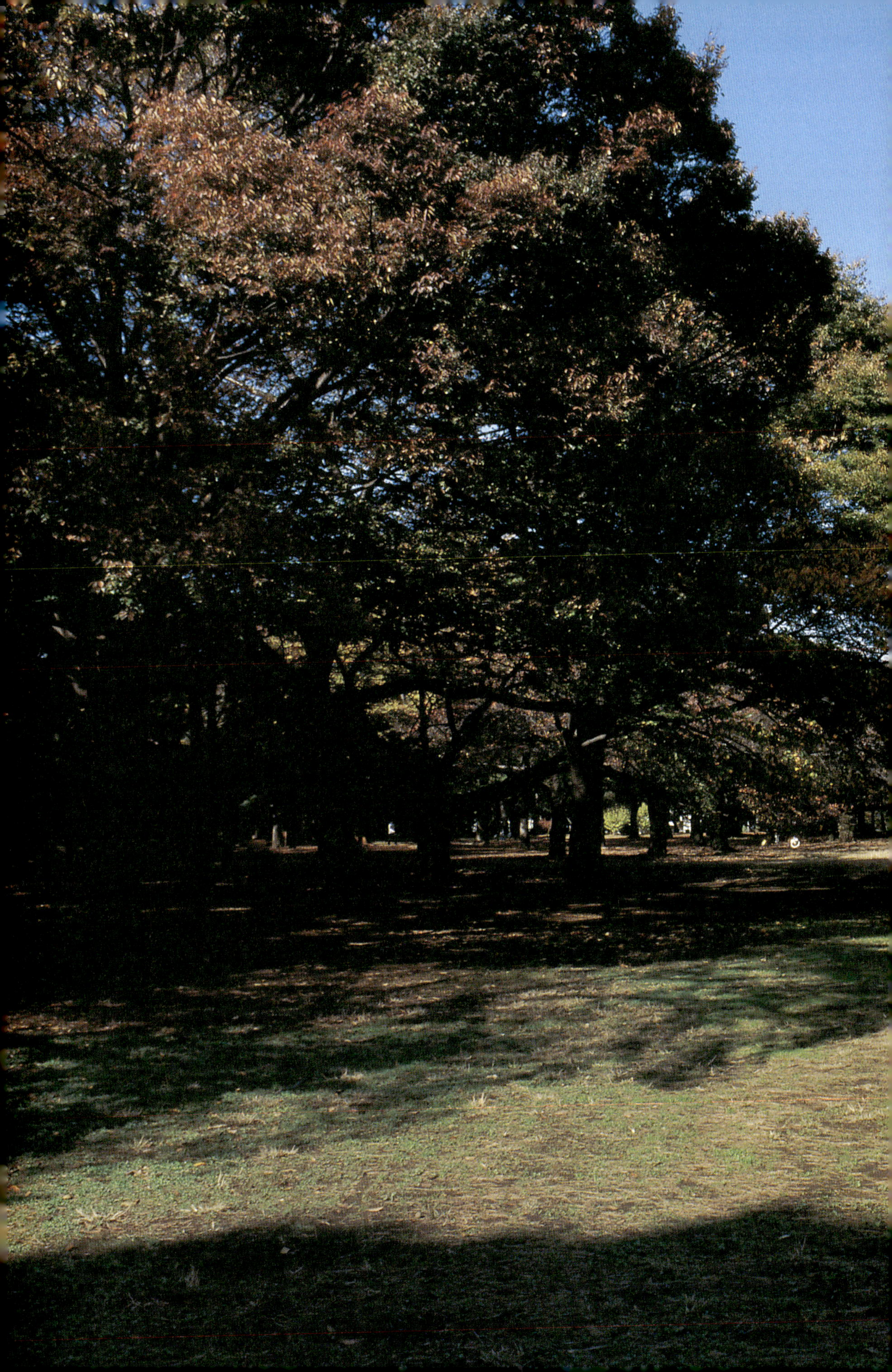

おやつ

柚子のゼリー

<材料・プリン型2個分>

柚子　2個

A ┌ 水　1カップ
　└ 砂糖　大さじ4

B ┌ 粉ゼラチン　小さじ2
　└ 水　大さじ2

★準備
- 柚子1/2個の皮をむき、黄色い部分だけをみじん切りにする。
- 柚子2個分の果汁を絞る。（2個分で1/4カップ）
- Bを合わせ、ゼラチンをふやかしておく。

【作り方】

1　鍋に柚子の皮とAを入れて強火にかける。沸騰したら弱火にし、柚子の皮が柔らかくなるまで、約15分煮る。

2　1の火を止め、柚子の果汁を加えて混ぜる。ここへBを加えて溶かす。

3　型に2を流し入れ、1～2時間冷やし固める。

※ 韓国の柚子茶をゼリーにしたフュージョン料理だね。子どもも大人も大好きなおやつになると思うよ。

柚子の香り。芳香も甘さも味わって。

ハニージンジャーかりんとう

<材料・16本分>

松の実　30g

A ┌ 小麦粉　80g
　├ 砂糖　大さじ1/2
　└ 塩　少々

溶き卵　1/2個

サラダ油　適量

B ┌ はちみつ　大さじ1～11/2
　└ しょうが汁　小さじ2

松の実のみじん切り　大さじ1

【作り方】

1　フードプロセッサーに松の実を入れて、かくはんする。ここへAを加えてさらにかくはんし、溶き卵も加えてひとまとまりになるまでかくはんする。生地をラップで包み、冷蔵庫で30分休ませる。

2　1の生地をラップではさみ、めん棒で20×20cmにのばす。16等分に切って、160℃に熱したサラダ油でこんがり揚げ、油を切っておく。

3　ボウルにBを混ぜ、2を加えてからめる。最後に松の実をちらす。

※ 通常はお茶で飲むことが多いジンジャーだけど、こうやっておやつにしても食べやすいでしょ？

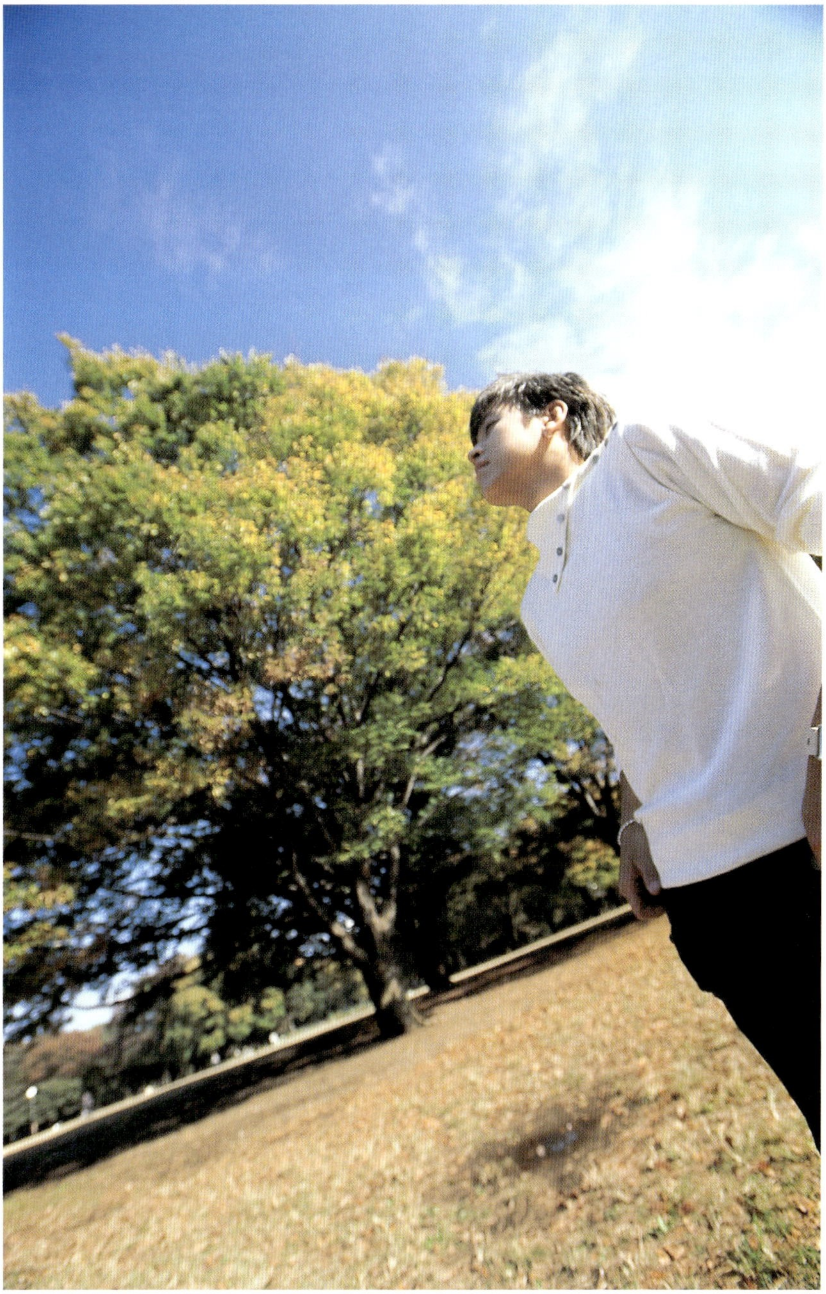

あずき餅

<材料・4人分>
切り餅　6枚
A ┌ 砂糖　大さじ2
　└ 水　大さじ4
ゆであずき（缶詰）300g
ごま油　適量

【作り方】

1. 小鍋にゆであずきを汁ごと入れ、火にかける。焦がさないように水分をとばし、火から下ろして粗熱をとる。
2. 切り餅を8等分に切り、Aとボウルに合わせる。ラップをかけて500Wの電子レンジで4分加熱。取り出してなめらかになるまで練り、粗熱をとる。
3. 流し型（密閉容器でもよい）にごま油を薄く塗り、2の餅の半量を指にごま油をつけて敷きのばす。
4. 3の上にあずきの半量をのせ、その上に残りの餅をのせて3と同様にのばす。残りのあずきものせる。
5. 4を8等分に切り分けて皿に盛る。

※ 冠婚葬祭のときに食べる伝統的なお餅。韓国では引越ししたらこれをもって近所を回るんだ。

懐かしい味のおやつ。ときどきは子どものように青い空の下、遊んでみたい。

くるみとクリームチーズのあんぽ柿デザート

<材料・2個分>
あんぽ柿　2個
くるみ　4個
クリームチーズ　20g

【作り方】
1　くるみは手で割り、クリームチーズは1cm角に切る。
2　あんぽ柿はヘタの下に切り込みを入れてタネを取り出す。ここへ1を詰め、
　　ラップで包んで冷蔵庫で約1時間冷やす。

※ チーズを入れたのはフュージョンスタイル。ふつうは干し柿だけを食べるんだ。

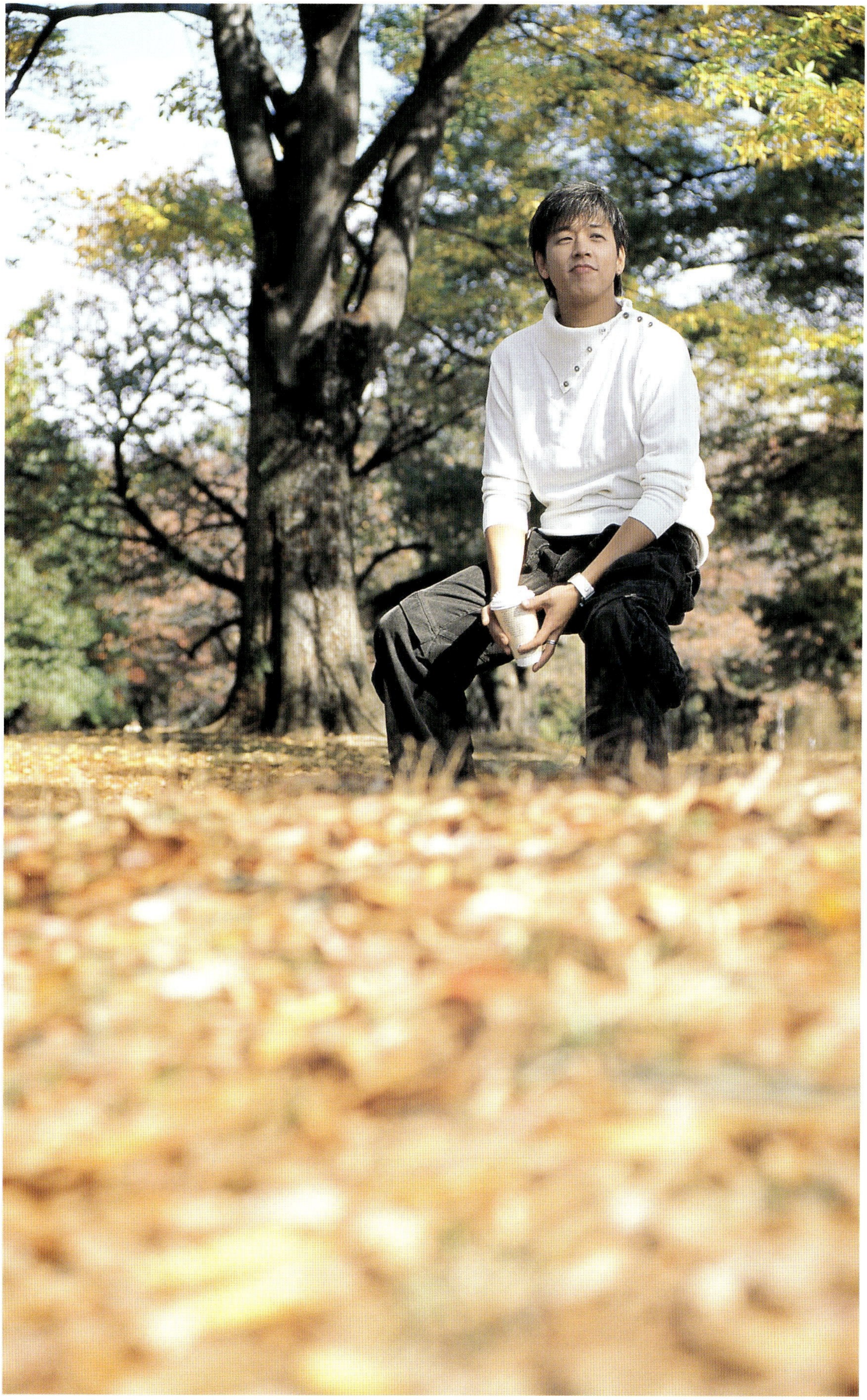

黒砂糖とピーナッツの韓国風ホットケーキ

<材料・6枚分>

A ┌ 小麦粉　200g
　├ 塩　小さじ1/4
　└ インスタントドライイースト　小さじ1/4

ぬるま湯　120〜150cc

B ┌ 粉末黒砂糖　大さじ4
　├ シナモンパウダー　小さじ1
　└ ピーナッツの粗みじん切り　大さじ3

ごま油　適量

【作り方】

1　ボウルにAを入れ、ぬるま湯を加え木べらで混ぜる。ひとまとまりになったらなめらかになるまでこねる。ボウルに入れ、ラップをかけて室温で1時間発酵させる。

2　1の生地を筒状にのばし、6等分に切り分ける。

3　2を丸くのばし、Bを混ぜたものを大さじ1くらい入れて包む。

4　フライパンに薄くごま油をひいて3を入れ、直径12cmの薄い丸形になるようにへらで押さえながら両面を焼く。

※ これは家で作るんじゃなくてお店で買うお菓子。僕の大好きなおやつだよ。

犬を見ると、思わず笑みがこぼれちゃう。

夜ごはん

오아조

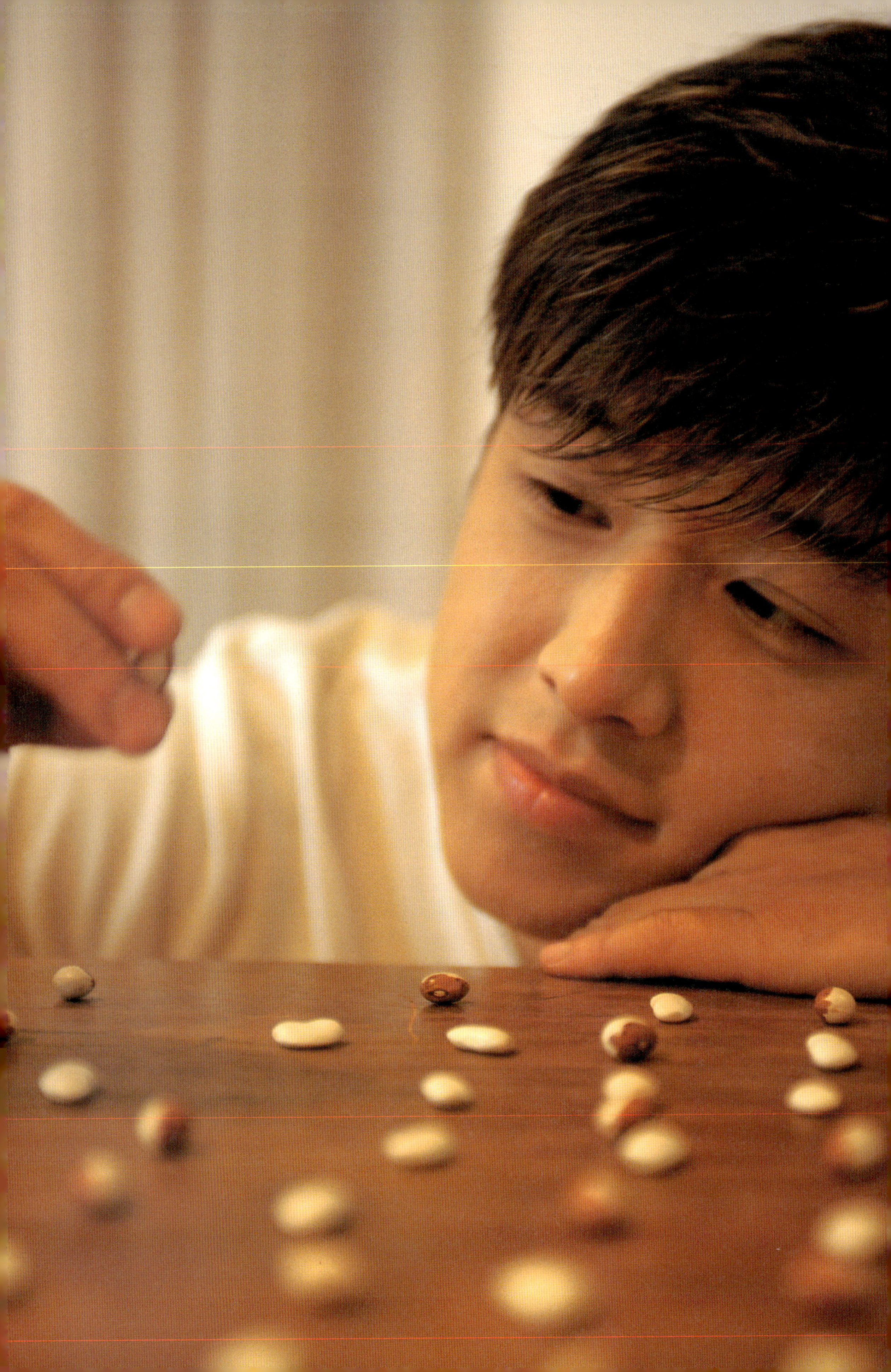

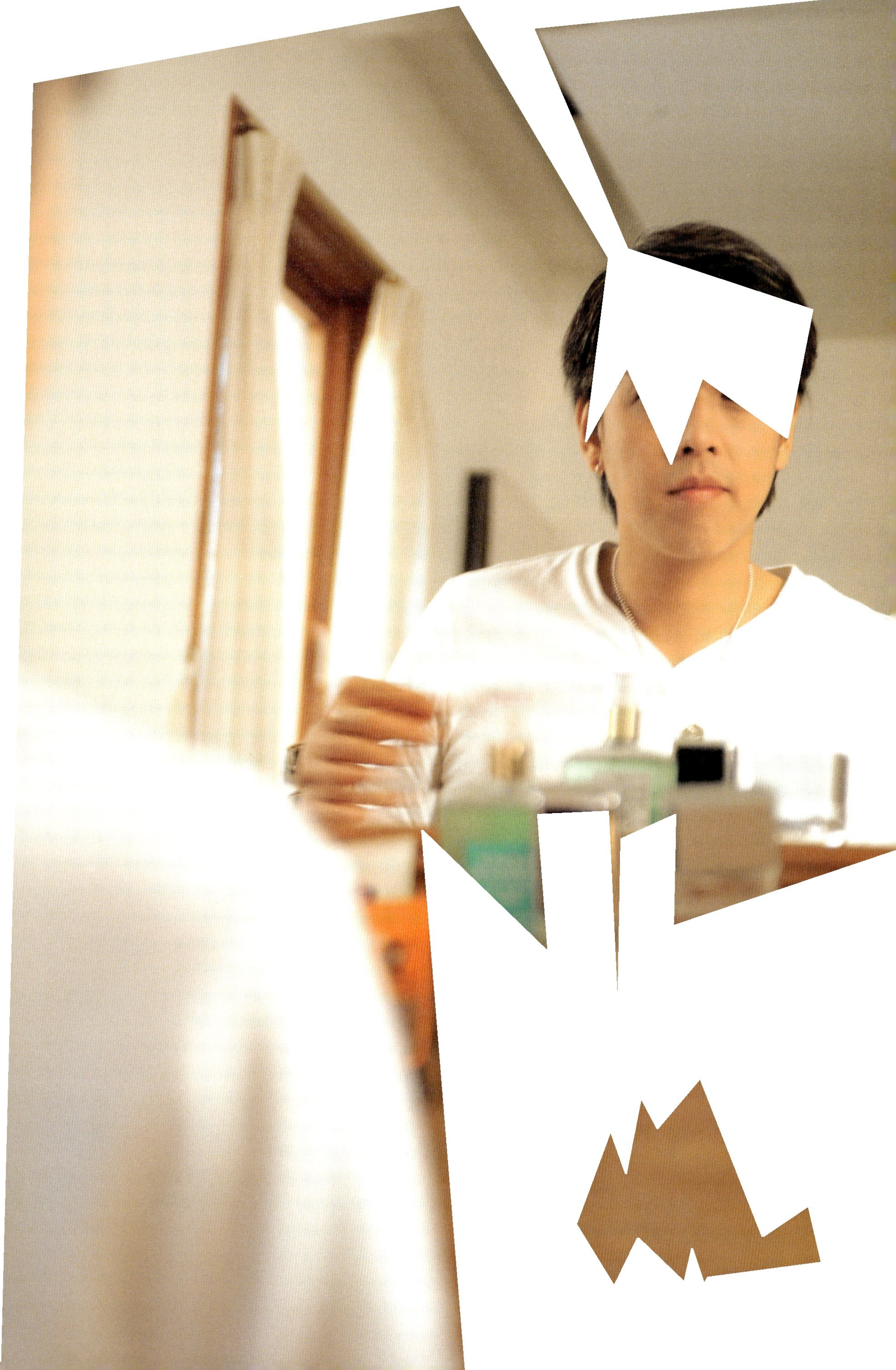

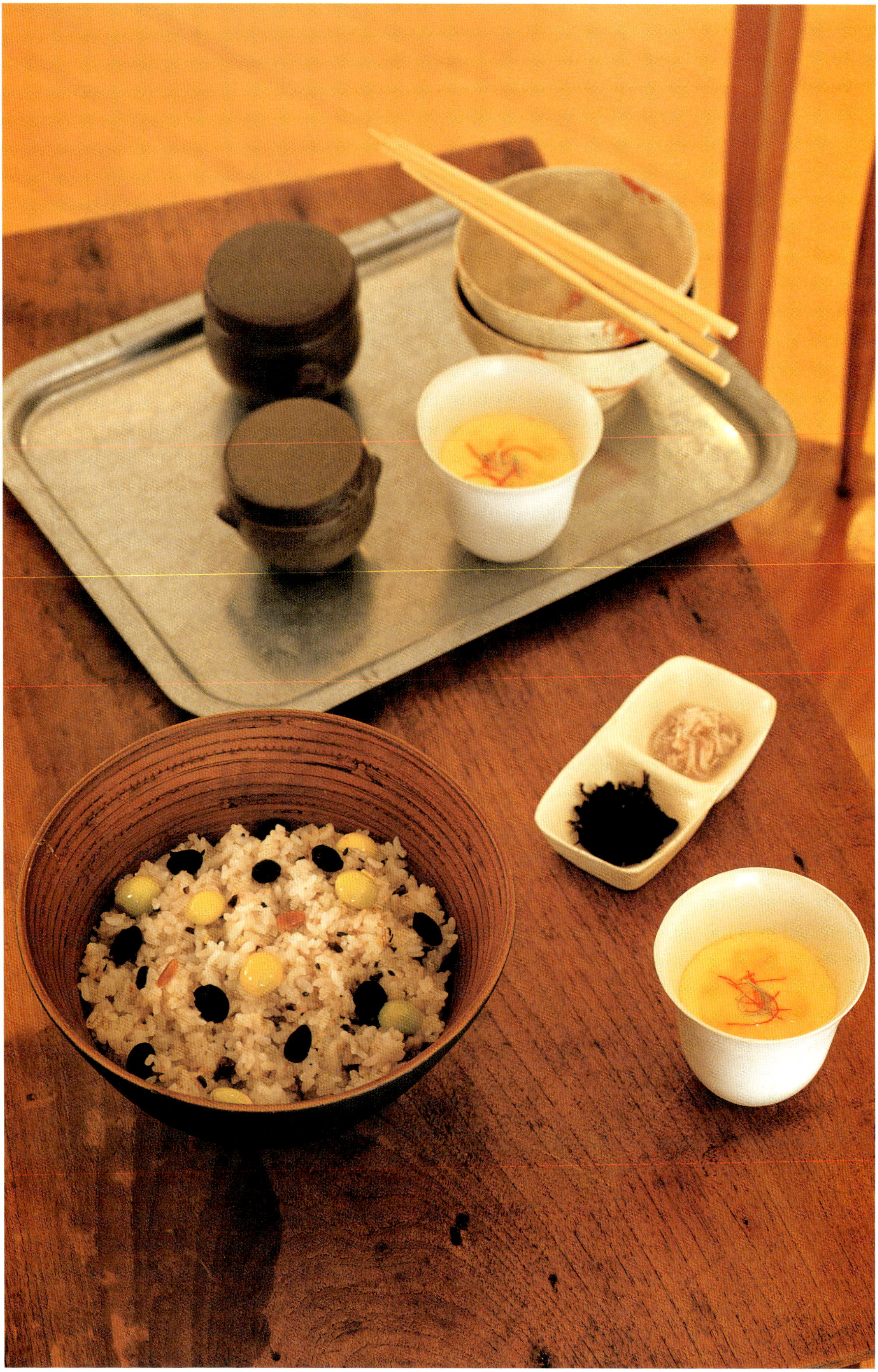

五穀おこわ

<材料・2〜3人分>
餅米　1カップ
米　1/2カップ
水　1 1/2カップ
A ┌ 市販の五穀ミックス　大さじ2
　└ 塩　小さじ1/2
B　ゆでぎんなん、ゆで黒豆　各適量

★準備
・米と餅米は洗って炊飯器に入れ、水とAを入れて約40分浸水しておく。

【作り方】
1　炊飯器のスイッチを入れて炊き、茶碗に盛ってBを飾る。

※韓国では無病息災を願って、1月15日の満月の日に食べる。

韓国風岩のりの茶碗蒸し

<材料・2人分>
卵　1個
A ┌ 水　180cc
　└ 顆粒鶏がらスープ　小さじ1/2
B ┌ しょうゆ　少々
　└ ごま油　小さじ2
C　白髪ねぎ、糸とうがらし　各適量
　　あみの塩辛　小さじ2
　　岩のり　適量

【作り方】
1　卵を溶きほぐし、Aを加えて混ぜ、耐熱容器にこしながら流し入れる。
2　蒸気のあがった蒸し器に1を入れ、弱火で15分蒸す。
3　2にBを混ぜたものをかけ、Cを飾る。あみの塩辛と岩のりを混ぜながら食べる。

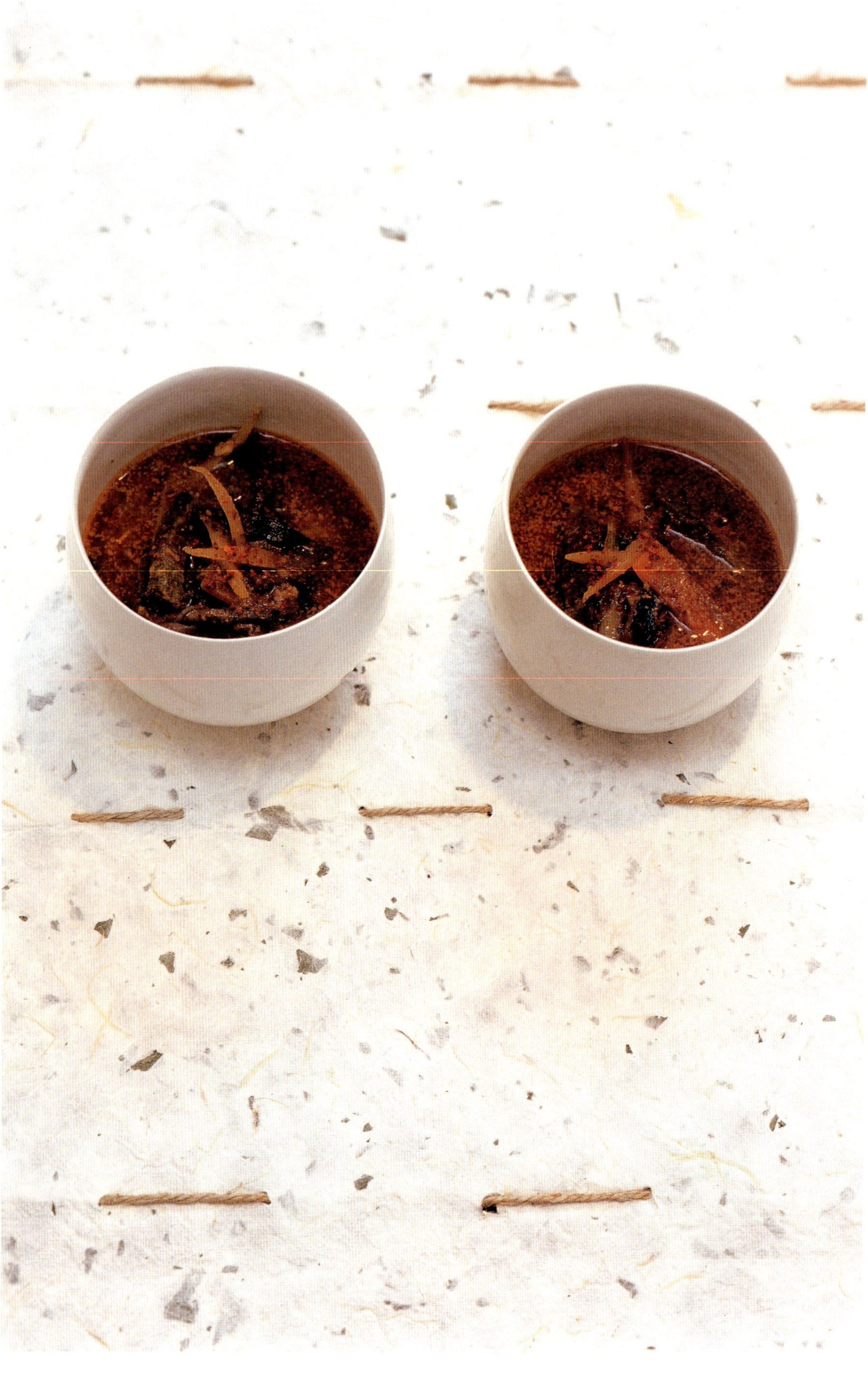

ユッケジャンスープ

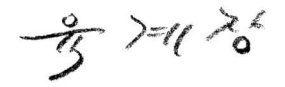

<材料・2～3人分>
牛肉（カルビ焼肉用）　100ｇ
A ┌ しょうゆ　小さじ2
　│ こしょう　少々
　│ おろしにんにく　小さじ1/2
　│ 白すりごま　大さじ3
　└ ごま油　大さじ1
にんじん　30ｇ
ごぼう　30ｇ
ぜんまいの水煮　40ｇ
万能ねぎ　5本
水　3カップ
B ┌ 顆粒鶏がらスープ　小さじ1
　│ 砂糖　小さじ1/2
　│ おろしにんにく　小さじ1
　│ コチュジャン　大さじ1 1/2
　│ しょうゆ　大さじ1
　└ こしょう　少々
ごま油　小さじ1
粉とうがらし（中粗挽き）　適量

★ 準備
・牛肉は1cmの細切りにし、Aをもみ込んでおく。
・にんじんは5cm長さのたんざく切りにする。
・ごぼうは太めのささがきにして水にさらし、ザルにあげておく。
・ぜんまいはサッとゆでてから食べやすい長さに切る。
・万能ねぎは5cm長さに切る。

【作り方】

1　鍋に下味をつけた牛肉を加え、色が変わるまで炒める。水とにんじん、ごぼう、ぜんまいを加えて強火にかけ、沸騰したら弱火にする。
　アクをとってBを加え、材料が柔らかくなるまで4～5分煮る。
2　仕上げにごま油をたらし、万能ねぎを加えてさっと混ぜる。
3　器に盛り、好みで粉とうがらしをふりかけて食べる。

オモニの作ってくれる料理の中で、僕の大好きランキングベスト3に入るね。大好きなスープなんだ。これを食べると疲れなんて一気に吹き飛ぶよ。食べるとすぐに新陳代謝がよくなって体がポカポカしてくるんだ。味の決め手はコチュジャン（とうがらし味噌）の辛味かな？　どんなお店でも味わえないオモニの作り出す味は天下一品だよ。なんたってオモニの手作り味噌を使うからね。コリアンスープって「飲む」っていうより「食べる」って感じのものが多いんだけど、特にユッケジャンスープは肉や野菜がふんだんに入っていて具だくさんだから、食べるって言葉がピッタリだね。手軽に作れる贅沢料理って感じ。とにかくユッケジャンスープは食卓で主役になれる料理だよ。ここでは簡単な作り方になっているけれど、韓国では牛スジ肉を煮込んでスープをとり、中に入れる具はそれぞれ別々に下味をつけて、時間をかけて作るんだ。煮込んだ肉は手で細長くさいて入れ、スプーンで巻きとって食べるのが韓国式だよ。みんな辛い、辛いって言うけど、なんともあとを引くおいしさで、このスープの魅力にはまったら、きっとやみつきになるよ！　それに、もしスープが残ればご飯にかけて、あっという間に「ユッケジャンクッパ」のできあがり！

청국장 納豆チゲ

<材料・2人分>

ひきわり納豆　2パック（80g）
木綿豆腐　1/2丁（150g）
牛こま切れ肉　150g
白菜キムチ　100g
長ねぎ　1本

A
- しょうゆ　大さじ1 1/2
- 長ねぎのみじん切り　大さじ2
- おろしにんにく　小さじ1/2
- ごま油　大さじ1

B
- 顆粒鶏がらスープ　小さじ1
- 水　3カップ

味噌　大さじ1

★準備
・木綿豆腐は6等分に切る。
・長ねぎは斜めうす切りにする。
・牛こま切れ肉にAで下味をつける。

【作り方】

1　鍋に牛こま切れ肉を入れて、色が変わるまで炒める。

2　1にBを加え、沸騰したら木綿豆腐と白菜キムチ、ひきわり納豆、長ねぎを加えて材料に火が通るまで煮る。最後に味噌を溶かし入れる。

※ 僕の大、大、大好きな料理で、韓国では「チョングッチャン」っていうんだ。名前を聞いただけで食べたくなるよ。本当は大豆で作った発酵味噌を使うんだけど、この味噌、日本の納豆そっくりの匂いでおいしいんだ。

発酵味噌とはちょっと違うけど、おいしい料理ができそうだよ。

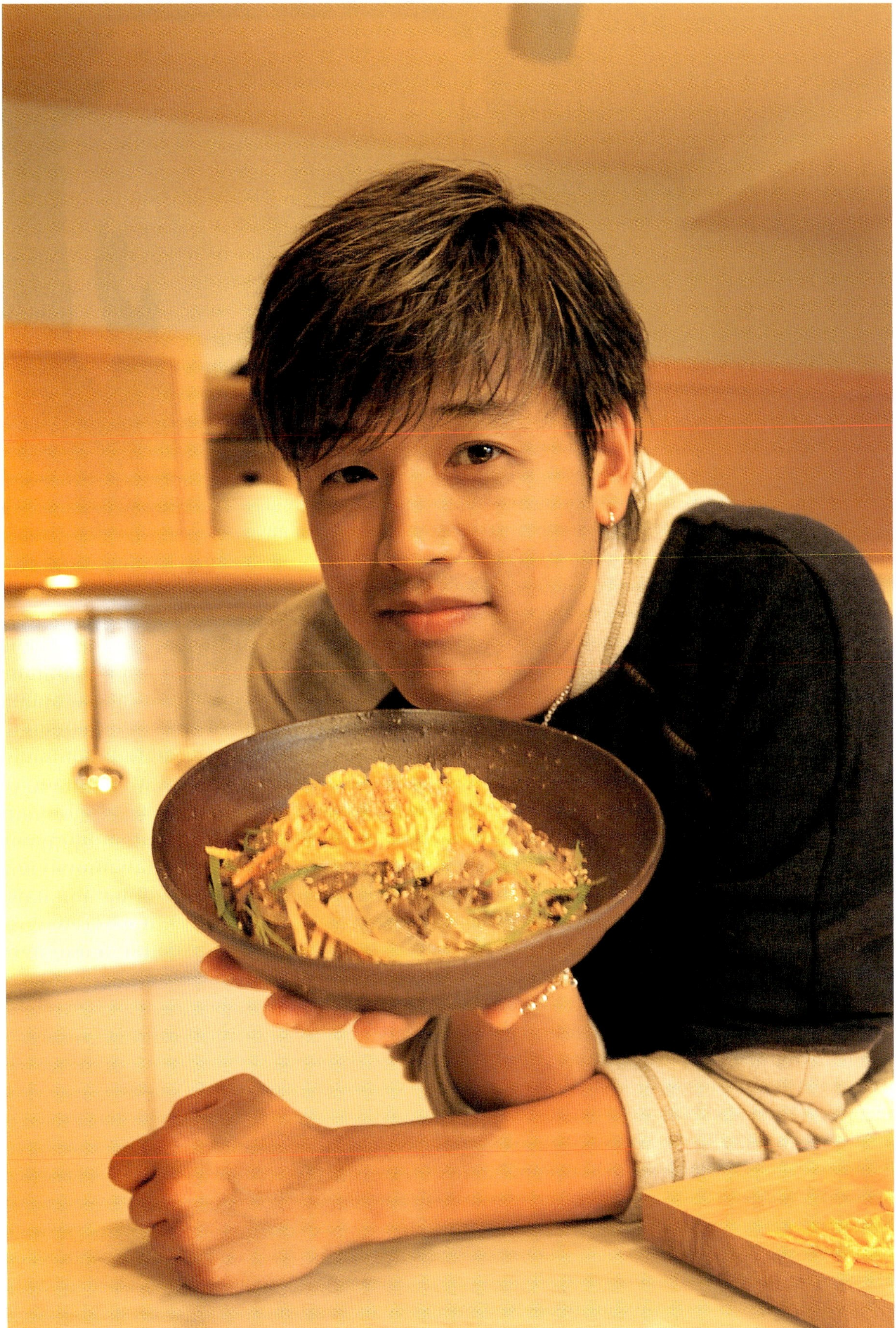

こうやって、手で肉をもみ込んでおくのがコツだよ。

잡채
チャプチェ

<材料・2〜3人分>
牛もも薄切り肉　100ｇ

A
- しょうゆ　小さじ2
- 酒　小さじ1
- 砂糖　小さじ1
- 長ねぎのみじん切り　大さじ2
- おろしにんにく　小さじ2
- こしょう　少々
- ごま油　小さじ2

B
- 玉ねぎ　150ｇ
- にんじん　50ｇ
- たけのこ(水煮)　50ｇ
- 干ししいたけ　4枚
- 春雨　70ｇ
- きぬさや　10枚

卵　1個

C
- しょうゆ　大さじ1 1/2
- 砂糖　小さじ1/2
- 塩　少々

白いりごま　適量
サラダ油、ごま油、塩、こしょう　各適量

★準備
・牛肉は細切りにし、Aを加えてもんでおく。
・春雨は熱湯で戻し、ザルにあけ、冷水に一度入れてから水気を切る。
・卵を溶いて薄焼き卵を作り、せん切りにする。
・干ししいたけは水で戻して石づきをとり、薄切りにする。
・きぬさやはスジをとって塩ゆでし、せん切りにする。
・にんじんはせん切りにする。
・たけのこは下ゆでしてからせん切りにする。
・玉ねぎはうす切りにする。

【作り方】
1　熱したフライパンにサラダ油をひき、牛肉を入れて、色が変わるまで炒めて皿に取り出す。
2　1のフライパンにごま油を足し、Bの具を順に炒めて1の肉も戻し、Cで味つけする。最後にごま油を回しかける。
3　器に盛りつけてから薄焼き卵をのせ、白いりごまとこしょうをふりかける。

春雨をこうやって広げて、遊んでみたり。

お湯をかけて春雨を戻すよ。

チャプチェはお正月やお盆、誕生日や入学祝いなど、家族のイベントやお祝いのときに食べる料理だよ。漢字は「雑菜」で、いろんな材料が入っているってこと。日本の焼きそばみたいなものかな。使う麺は、タンミョン（韓国春雨）。さつまいものデンプンから作ったもので、コシの強いのが特徴。手に入らなかったら日本で売ってる緑豆春雨を使うといいよ。春雨はお湯をかけて戻したり、炒めて透き通っていく様子も見てておもしろいよね。

ん!?　ちょっとしょうゆの量が少なかったかな??
でも、久々に自分で作ったチャプチェは自分で言うのも
照れくさいけど…おいしいよ。

日本でも焼きそばは学生が大好きでしょ。僕も大学生のときは大学の前にある安い店でよく食べたんだ。ここでは箸で混ぜて作ったけれど、韓国では1つ1つの材料を炒めたら、皿に出しておくんだ。それで最後に手で混ぜて仕上げる。いりごまを入れるのも忘れないで。うんとおいしくなるからね。それからごま油も韓国料理ではよく使うんだけれど、日本で売ってるのと韓国のとは微妙に違うんだ。韓国のは「チャムキルム」といって色が濃くて香りが強いのが特徴。日本の方がまろやかだね。

揚げ餅ダッカルビ

<材料・2人分>

鶏もも肉 1枚（250g）

A
- ごま油 小さじ1
- 塩 小さじ1/4
- 酒 小さじ1

玉ねぎ 150g

にんじん 50g

にら 60g

B
- おろしにんにく 小さじ1/2
- しょうゆ 大さじ1
- 砂糖 小さじ1
- 粉とうがらし（中粗挽き）小さじ1
- コチュジャン 大さじ1 1/2
- すりごま 大さじ3
- 酒 大さじ2
- おろししょうが 小さじ1
- こしょう 少々

ごま油 大さじ1

切り餅 2枚

サラダ油 適量

★準備
- 鶏もも肉は一口大に切り、Aで下味をつける。
- 玉ねぎはくし型に切り、にんじんは3cm長さのたんざく切り、にらは3cm長さに切る。
- 餅を4等分に切り、油で揚げて取り出す。

【作り方】

1　熱したフライパンにごま油をひき、鶏もも肉を炒め、玉ねぎとにんじんも加えて炒める。

2　Bで味つけし、最後に揚げた餅とにらを加えて、炒め合わせる。

※ 韓国の屋台料理でトックを甘辛く味付けしたものがあるよ。トックを揚げたお餅に変えて日本風にアレンジ。

イサキの蒸し物

<材料・2人分>
イサキ 1尾
A ┌ 酒 大さじ1
  └ 塩・こしょう 各適量
B ┌ 長ねぎ、パプリカ(黄)、せり、
  └ 韓国生とうがらし(赤と青) 各適量
タレ(にらとシーフードのパジョン参照P86)

★準備
- イサキはうろこ、内臓、えらを除いて水洗いをしたのち、ペーパータオルで水気をよく拭き取る。
- 長ねぎとパプリカはせん切りにする。
- 韓国生とうがらしは斜めうす切りにする。
- せりはざく切りにする。

【作り方】
1. イサキはAで下味をつけてバットにのせ、蒸気のあがった蒸し器で約15分蒸す。
2. 1のイサキを皿に盛りつけ、Bを飾ってタレをかける。

※ イサキはかつては王の食卓に並ぶ高価な魚だったんだ。もちろん今はどこの家庭でも食べられるようになったけど。ここでは蒸したけれど、韓国では焼いて食べることが多いよ。

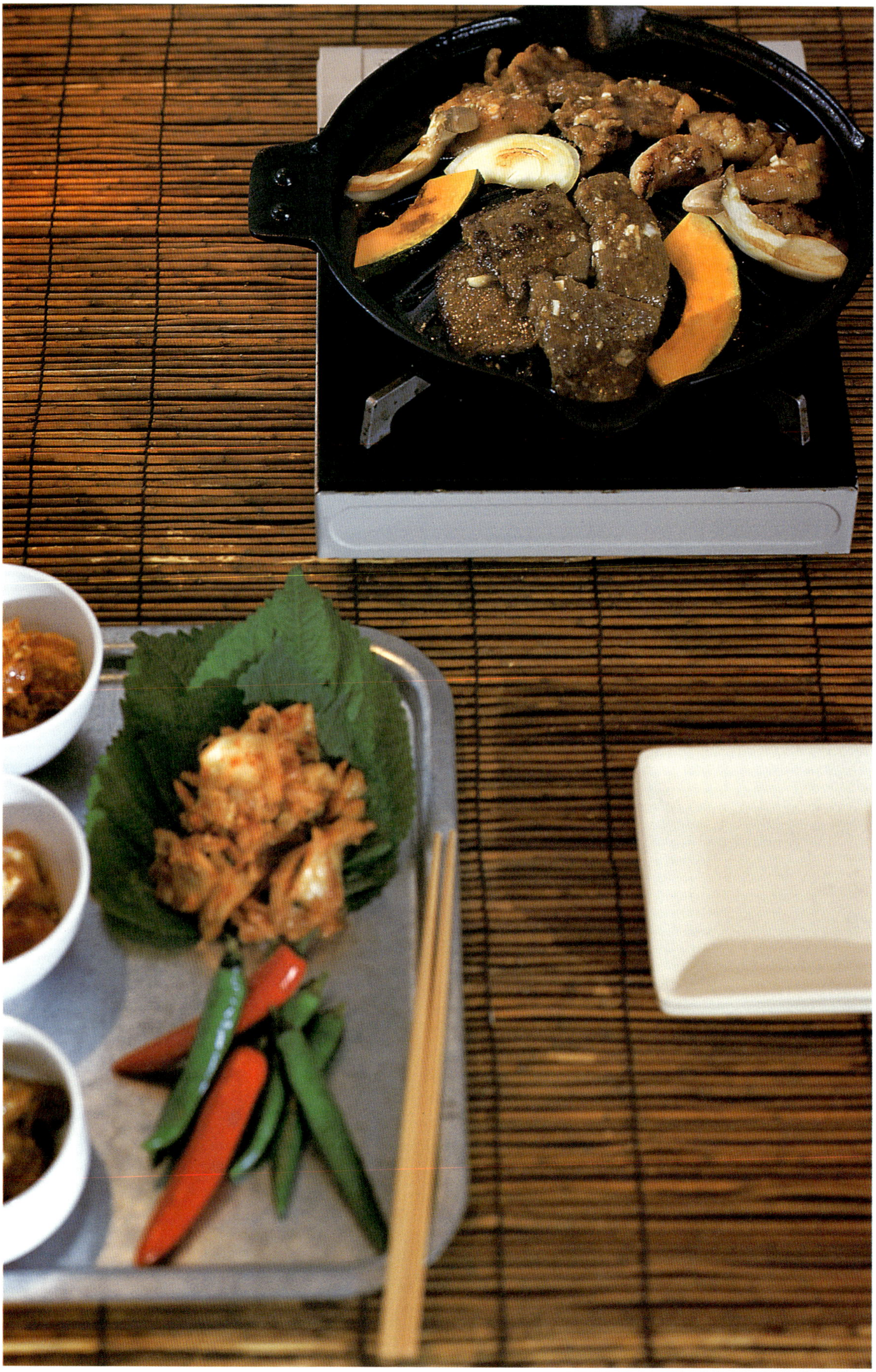

プルコギトリオ

<材料・2人分>

牛肉（カルビ焼肉用）　100g
A
- しょうゆ　大さじ1
- 砂糖　大さじ1/2
- 酒　大さじ1/2
- 長ねぎのみじん切り　大さじ1
- 白すりごま　大さじ1/2
- おろしにんにく　小さじ1
- こしょう　少々
- ごま油　大さじ1 1/2

鶏もも肉　100g
B
- しょうゆ　大さじ1/2
- 砂糖　小さじ1
- 長ねぎのみじん切り　大さじ1/2
- 白すりごま　小さじ1
- おろしにんにく　小さじ1/2
- こしょう　適量
- しょうが汁　小さじ1/2
- ごま油　大さじ1/2

豚肉（バラ焼肉用）　100g
C
- コチュジャン　大さじ1/2
- しょうゆ　小さじ1
- 砂糖　大さじ1/2
- 酒　大さじ1/2
- 長ねぎのみじん切り　大さじ1
- 白すりごま　大さじ1/2
- おろしにんにく　小さじ1
- こしょう　適量
- しょうが汁　小さじ1/2
- ごま油　大さじ1/2

玉ねぎ　1/2個
エリンギ　2本
かぼちゃ　適量
白菜キムチ、えごまの葉　各適量

★準備
・鶏もも肉はスジと脂肪を取り除き、そぎ切りにする。
・肉はそれぞれA.B.Cのタレをもみこんでおく。
・玉ねぎは1cm幅の半月切りにする。
・エリンギは食べやすくさく。
・かぼちゃは5mm厚さのくし型切りにする。

【作り方】
1　プルコギ鍋に肉と野菜類を入れ、好みで焼いて食べる。白菜キムチも焼いて。

お肉料理の定番だね。焼肉といえば、プルコギって感じ。どこの家庭でもふだんの晩ごはんに登場する料理だよ。特徴はやっぱりプルコギ鍋を使うところかな？　日本のジンギスカン鍋みたいな形で、真ん中がドーム型に盛り上がっていて、鍋の縁に焼き汁がたまる仕掛けになってるんだ。あとは肉を漬け汁につけて味をしみこませてから焼くだけ。肉汁や野菜の汁がたまったら戻した春雨やご飯を入れて食べると、これまた抜群の旨さ。だけど、この鍋がないとできないってことじゃないからね。家にあるホットプレートやフライパンだってOK。もし肉だけを食べるんだったら、えごまの葉やサンチュで巻いて食べてもおいしいよ。伝統的な庶民料理だけれど、抜群のおいしさ。大勢で好きなものを焼きながら、家族の話や恋愛の話、勉強の話なんかをして、ワイワイガヤガヤやるのもいい調味料になるよ。僕の場合は趣味の車の話かな。レーシングチームといっしょに次のレースの作戦を練ったりね。みんな心を許している家族みたいな仲間だから、お腹も心もいっぱいになっちゃうよ。この仲間は僕にとって本当に大切な宝物なんだ。

参鶏湯（サンゲタン）

<材料・4人分>

鶏　1羽

A
- 餅米　40g
- にんじん　20g
- 松の実　大さじ1
- いんげん　6本
- にんにく　6片

水　2リットル

B
- 長ねぎの青い部分　1本分
- しょうが（皮付き）薄切り　2枚

塩・こしょう　各適量

長ねぎ　1/2本

★準備
- にんじんといんげんは、松の実の大きさに合わせて切る。
- 長ねぎは小口切りにする。

【作り方】

1. 鶏は水で洗い、水気をよくふく。お腹の中にAを混ぜたものを詰め、楊枝で止める。
2. 大きめの鍋に1を入れ、水とBを加えて強火にかける。沸騰後、弱火にしてアクを取りながら約3時間煮て、長ねぎをふる。
3. 器に鶏肉の身をほぐし入れ、鶏の中身を添える。好みで塩・こしょうをふって食べる。

※ 韓国ではスタミナ料理だよ。体がホカホカ温まるよ。

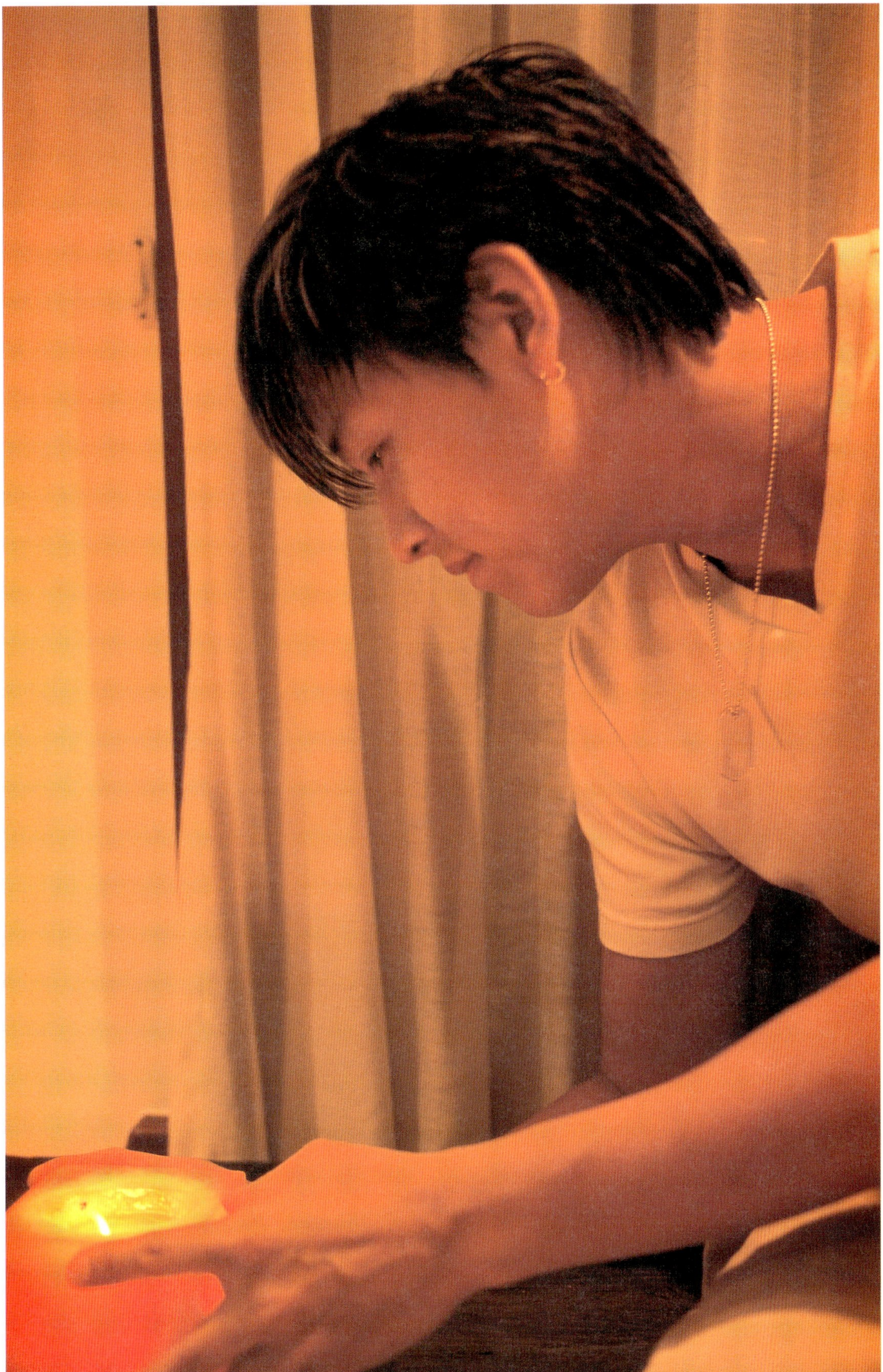

ゆで豚のあみソースがけ

<材料・4人分>

豚ばらブロック肉　500g
塩　小さじ1
こしょう　適量

A
- 水　2リットル
- 長ねぎの青い部分　1本分
- しょうが（皮つき）薄切り2枚
- つぶしたにんにく　1片

白髪ねぎ、白菜キムチ、糸とうがらし
各適量

B
- あみの塩辛　大さじ2
- 万能ねぎ（小口切り）　2〜3本
- 粉とうがらし（中粗挽き）少々

【作り方】

1. 豚肉に塩・こしょうをもみ込み、Aといっしょに鍋に入れて火にかける。アクを除きながら、約40分煮て、そのまま冷ます。
2. 1の豚肉をうすく切り、皿に盛って白髪ねぎと糸とうがらしを飾る。白菜キムチとBのタレを添える。
3. 豚肉に白髪ねぎ、糸とうがらし、白菜キムチをのせ、タレをつけ、包んで食べる。

※ 韓国では「ボサム」っていって夜食の定番料理。ボサムとは「包む」って意味なんだ。ここでは豚肉に包んで食べるけど、もちろんサンチュやサニーレタスで包んでもおいしいよ。

僕の包丁さばき、手慣れたものでしょ？

わたり蟹とごぼうの春雨鍋

<材料・2〜3人分>

A
- わたり蟹　2杯
- ごぼう　1本（100g）
- 春雨　1/2袋（100g）
- 長ねぎ　1本

B
- おろしにんにく　小さじ2
- しょうゆ　1/3カップ
- 酒　大さじ3
- 砂糖　大さじ1 1/2
- しょうが汁　大さじ1強
- 粉とうがらし（中粗挽き）大さじ2
- 水　4カップ
- 顆粒鶏ガラスープ　小さじ2 1/2
- ごま油　大さじ2

せり　1束

★準備
・わたり蟹はぶつ切りにする。
・ごぼうはささがきにして水にさらし、ざるにあげておく。
・春雨は湯でもどし、食べやすい長さに切る。
・長ねぎは斜めうす切りにする。
・せりはざく切りにする。

【作り方】
1　鍋にAを盛り、Bを混ぜたスープを加えて火にかける。
2　材料がやわらかくなったら、最後にせりを加える。

※ 韓国にはない新メニュー。わたり蟹の鍋はお店で食べるメニューだね。みんなの口に合うように蟹のスープにごぼうや春雨を入れてみたよ。蟹や野菜のスープが出ておいしいよ。

今夜はお鍋で一緒に温まろう。

옥수 해물파전 にらとシーフードのパジョン

<材料2～3人分>
にら　1束
小麦粉　大さじ2
卵　3個
ごま油　大さじ2
シーフードミックス　150g
赤ピーマン（細切り）1/2個

A ┌ おろしにんにく　少々
　│ 白いりごま　大さじ1/2
　│ 粉とうがらし（中粗挽き）大さじ1/2
　│ 砂糖　少々
　│ しょうゆ　大さじ2
　└ 酢　大さじ1

【作り方】

1　にらをフライパンの直径と同じ長さに切る。全体に小麦粉をまぶしてとき卵にくぐらせる。
2　フライパンに大さじ1のごま油を熱して1を入れる。シーフードミックスと赤ピーマンをちらして残ったとき卵をかけ、ふたをして焼く。
3　残りのごま油を回し入れて両面を焼く。
4　Aのタレをつけて食べる。

※「パ」はネギのこと。「ジョン」は卵か粉のつけ焼きのことで、韓国お好み焼きも含めたものをこう呼ぶんだ。日本では「チヂミ」って呼ばれているよね。表面はカリッ、中はしっとりが旨さの秘訣だよ。

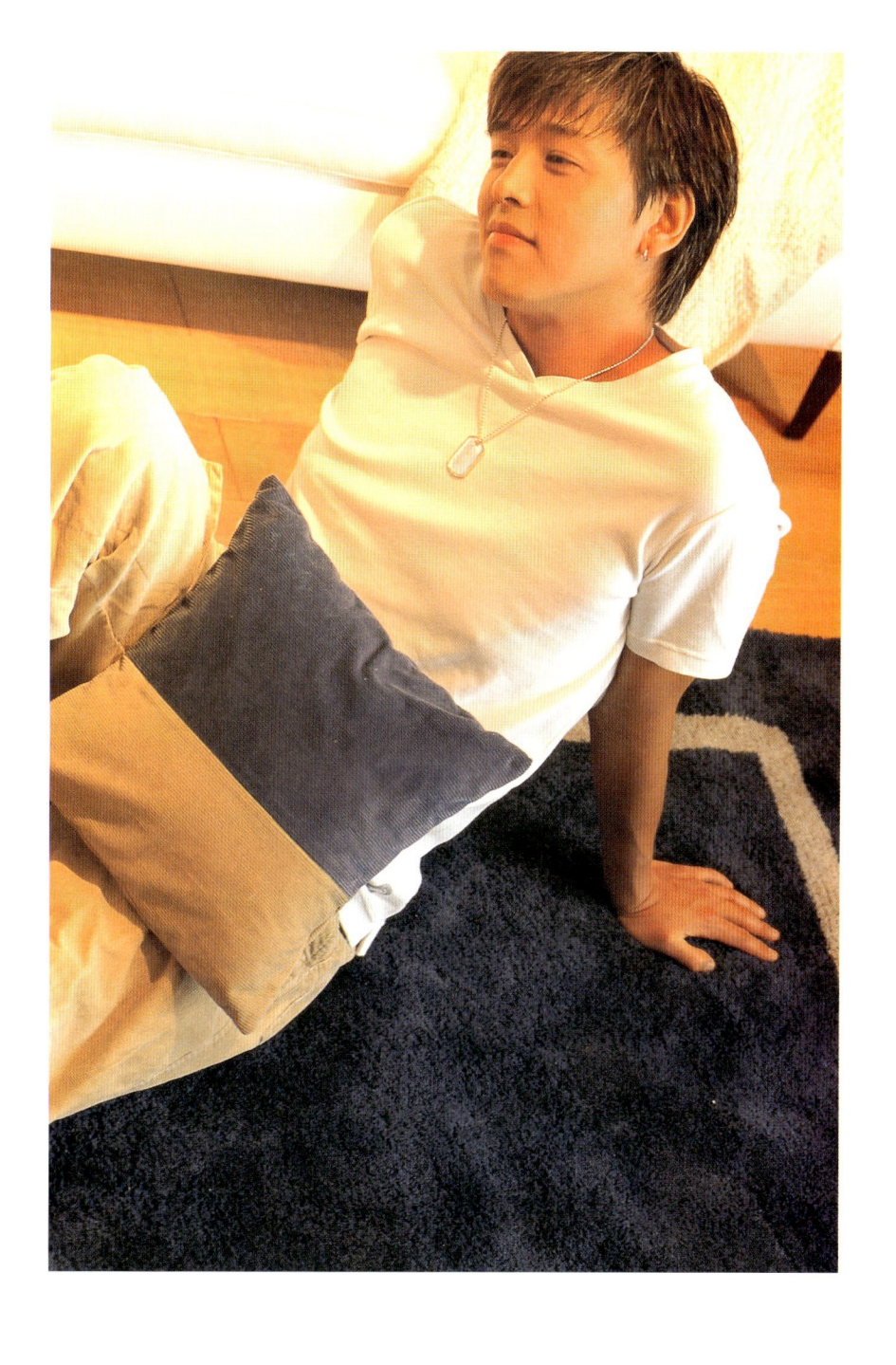

深い夜、君がそばにいてくれたらいいな。

おさしみビビンパプ

<材料・2人分>

A
- まぐろ　100g
- ゆでだこ　80g
- 納豆　1パック
- 白菜キムチ　80g

大葉　4枚
のり　1枚
卵黄　2個
ご飯　適量

B
- しょうゆ　大さじ2
- ごま油　大さじ1/2
- 白すりごま　小さじ1
- おろしにんにく　小さじ1/5
- 砂糖　小さじ1/2
- 粉とうがらし（中粗挽き）小さじ1/3
- 長ねぎのみじん切り　小さじ2

★準備
・まぐろは1.5cm角に切る。
・ゆでだこは食べやすい大きさに切る。

【作り方】

1　丼にご飯を盛り、のりをちぎってのせる。Aを色どりよくのせ、大葉をちぎって飾る。真ん中に卵黄をのせる。

2　Bのタレを1にかけ、混ぜて食べる。

※ 納豆と卵黄をのせるのは日本流。錦糸卵をのせてもいいね。

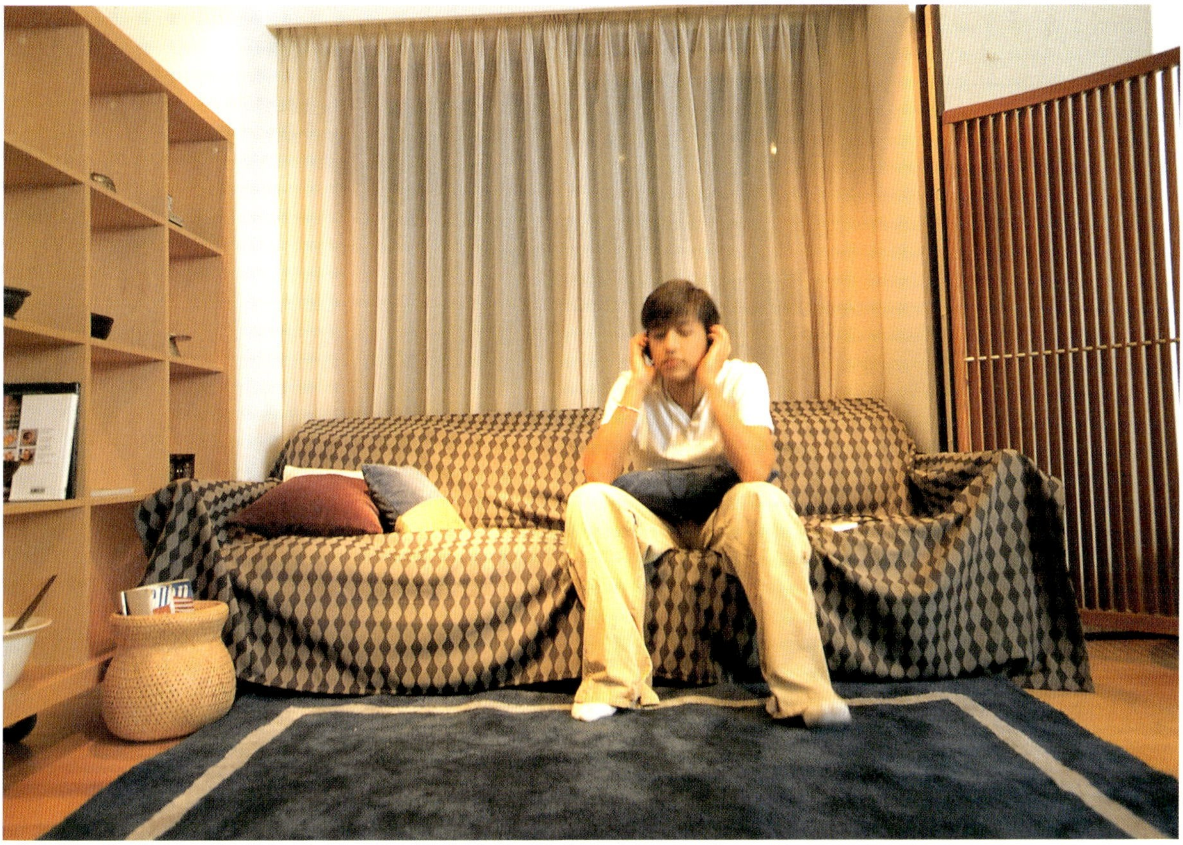

スペアリブとゆで卵のコチュジャン煮

<材料・2人分>
スペアリブ 4本（500g）
ゆで卵 2個
鷹の爪 3本

A ┌ 水 1カップ
  │ コチュジャン 小さじ2
  │ 味噌 小さじ2
  │ 砂糖 大さじ1
  └ しょうゆ 小さじ1

サラダ油 適量

【作り方】

1. フライパンにサラダ油を熱し、スペアリブをきつね色に焼く。スペアリブをフライパンの端によせて、汚れた油をペーパータオルでふき取る。
2. 1に油を少し足し、鷹の爪をタネごとちぎり入れる。Aとゆで卵も加えて落としぶたをし、煮汁がなくなるまで煮る。

※これもアレンジメニュー。韓国では骨付きといえばカルビで焼いて食べるね。
コチュジャン（とうがらし味噌）をつけて。
特別な日、大切な人に作ってあげたい料理だね。

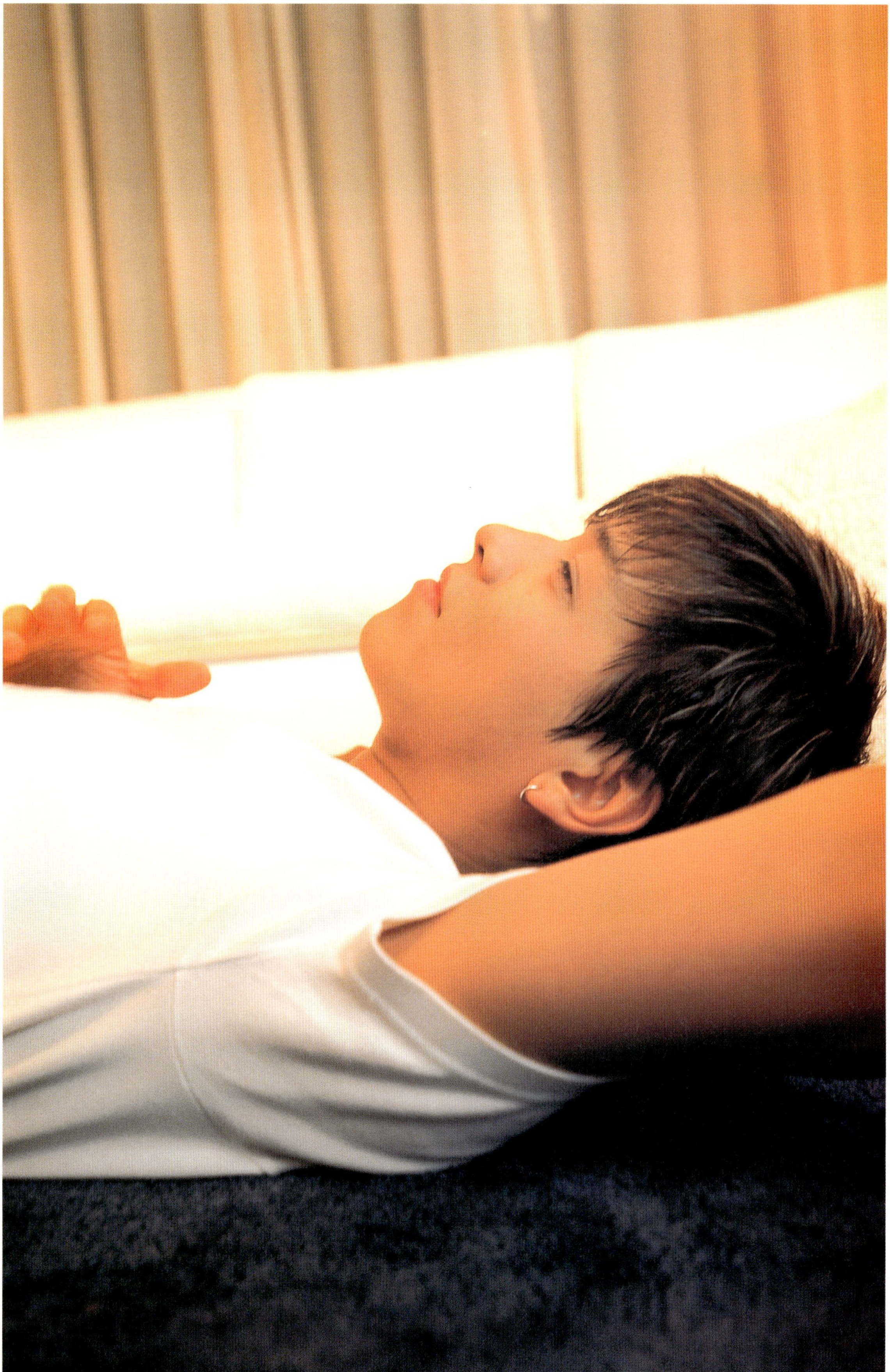

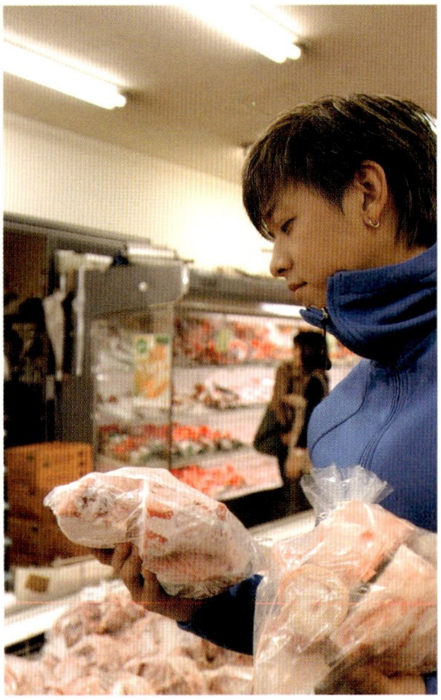

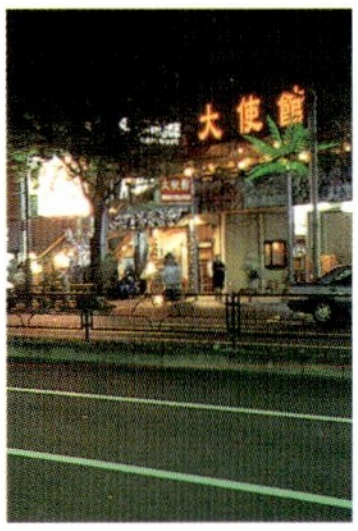
大使館

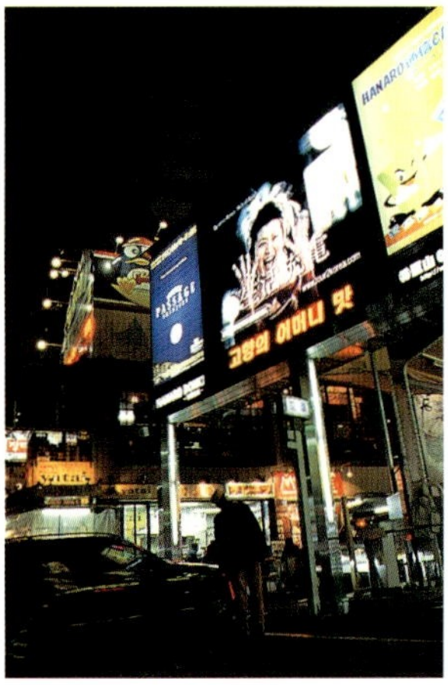
HANARO
고향의 어머니 맛

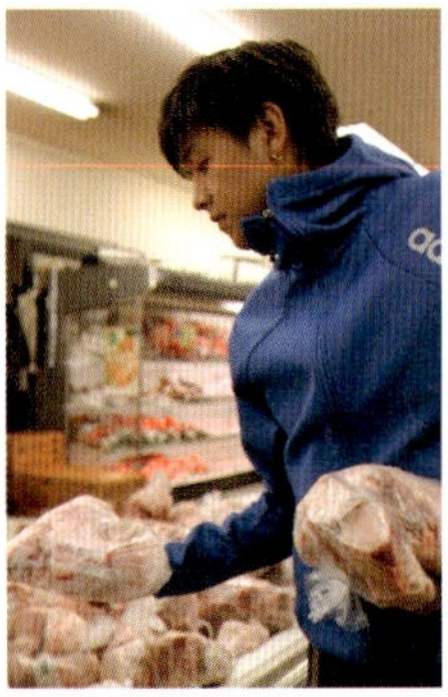

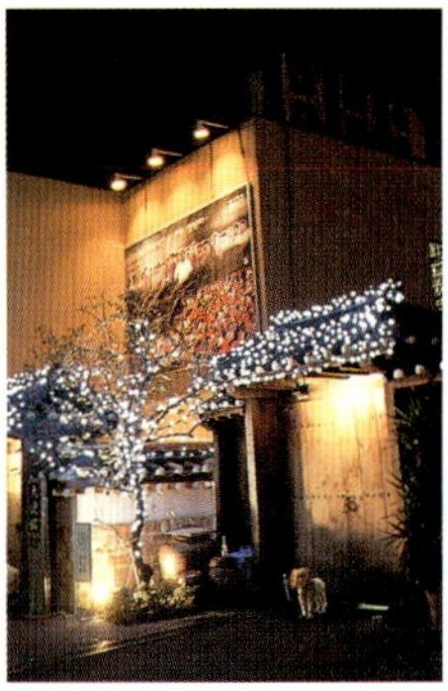

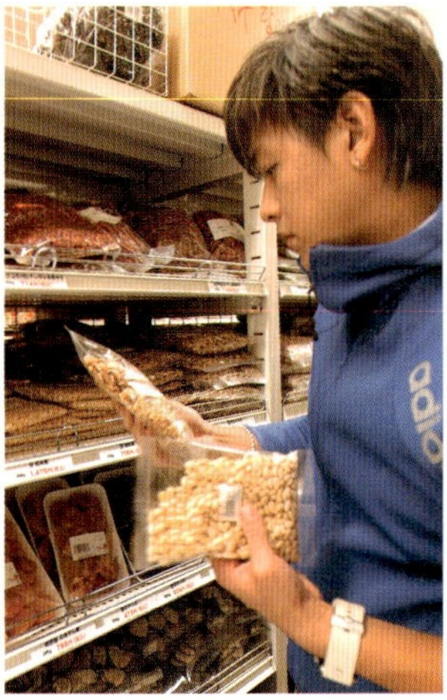

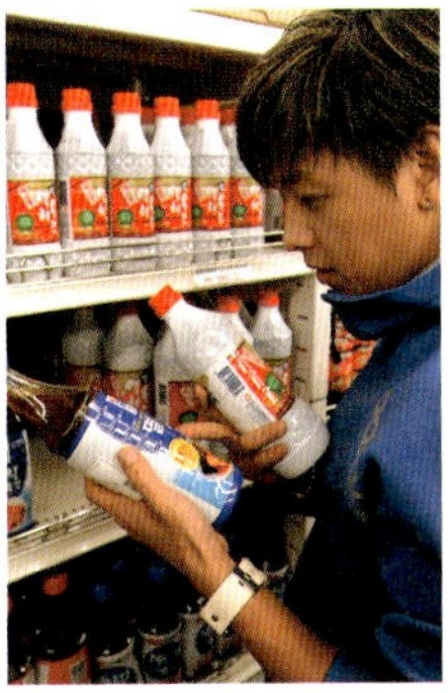

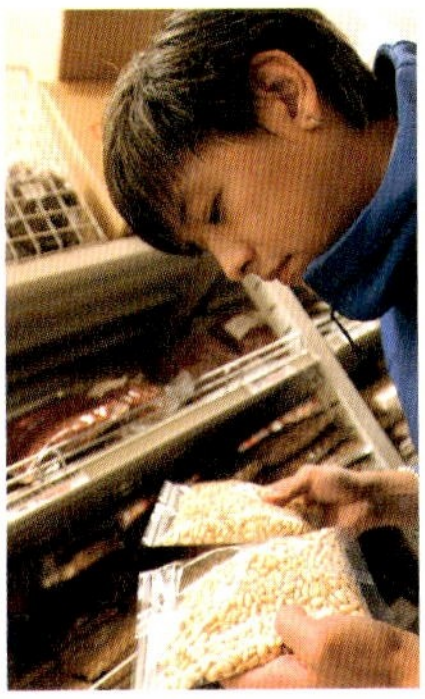

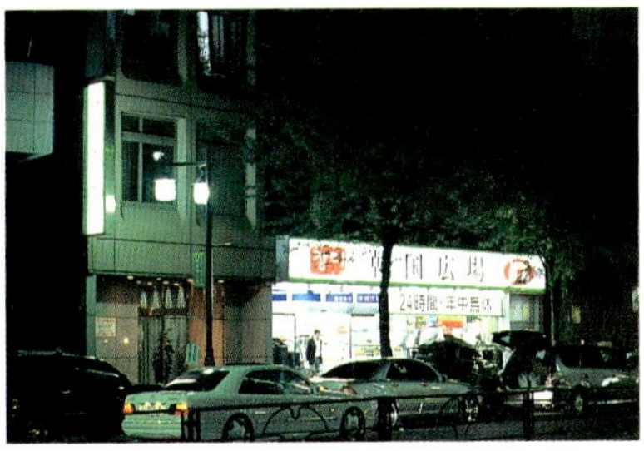

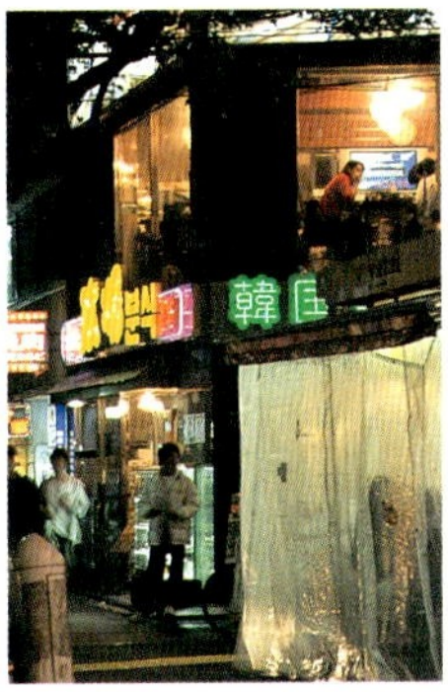

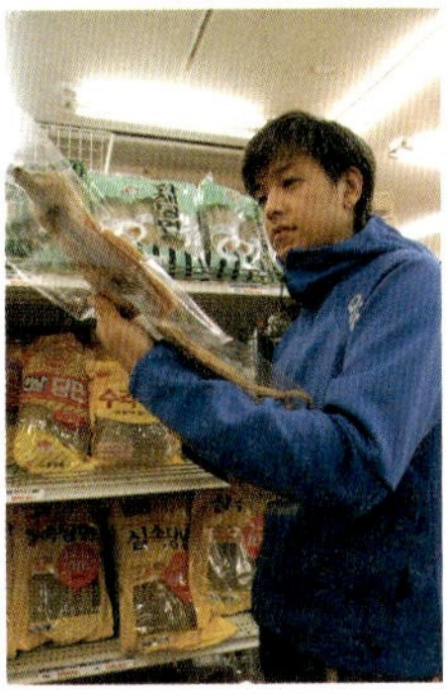

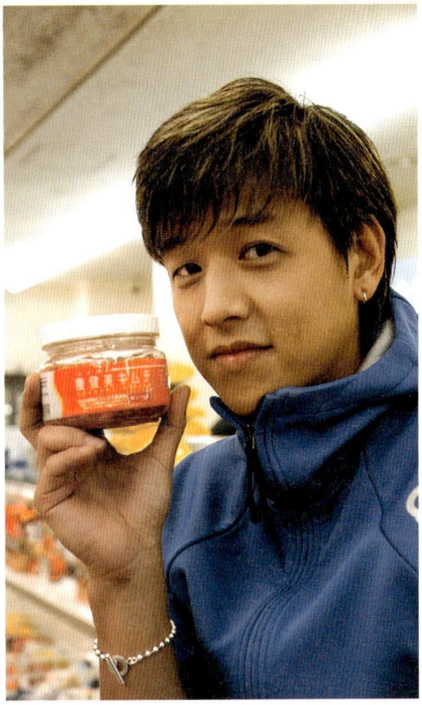

인생에서 처음 얻는 나의 팬카페,
또 하나의 팬들과의 인연이
생겼네요. 조심이나서 한층음씩에
앞을 함께하고 싶기에....
더 의미가 있는것 같습니다.
나에게 소중한 시간, 여러분에게도
소중한 자리되길 진심으로 바랍니다

                        여러분의 사회니다.

少しでも韓国料理の
味を分かち合いたいと
日本で初めて作った私の料理本です。
また一つ、ファンの皆様との縁が
結ばれました。
とても意味深い事だと思います。
私にとって大切な本です。
ファンの皆様にも
大切な本になれば嬉しいです。

　　　　　　　　皆様のシウォンより

リュ・シウォン　Ryu Siwon

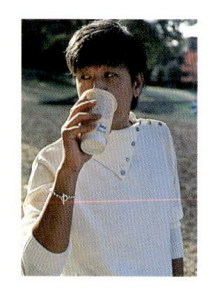

1972年10月6日生まれ。ドングク大学校 演劇映画科卒。身長180cm、体重70kg、血液型O型。10年前、幼なじみのキム・ウォンジュン（韓国で有名な歌手）の紹介でユン・ソクホ監督に出会ったのが役者の道へ進むきっかけに。1994年KBSテレビの「感（フィーリング）」でデビューし、「愛するまで」や「プロポーズ」、「真実」、「美しき日々」など数々のドラマに出演。韓国では由緒ある家柄の生まれであることから「永遠のプリンス」あるいは「韓国ドラマのプリンス」とも呼ばれている。日本でも活動を始め、2004年11月に出版した「RYU SIWON PHOTO ALBUM」（ソニーマガジンズ）はベストセラーとなった。同年12月にはTUBEの前田亘輝のプロデュースで初のCD『約束』を発売し、歌手デビューを果たす。甘いマスクと声、優しい笑顔が日本のファンをとりこにしている。趣味は音楽鑑賞とドライブ。韓国芸能人のレーシングチームを作り、自らもカーレースに参戦している。「冬のソナタ」のパク・ヨンハもこのチームに入っていて、大の仲良し。運動神経抜群で、バスケット、テニス、スキーとなんでもこなす。現在は日本と韓国と往復しながら、役者として歌手として、自分らしさを大切にしながら活動の場を広げている。日本で料理本を制作するのはこの本がはじめて。撮影では自ら包丁を手に見事な腕前を披露してスタッフを驚かせた。

撮影 / 今長谷史郎
アートディレクション＆デザイン / 高市美佳
フードスタイリング / 鈴木亜希子
フードアドバイザー / 小林まさみ
調理協力 / 堤 人美　真田知子
取材 / 小橋美津子

編集 / 島田江理　酒井綾子
スーパーバイザー / 藤井和博

制作協力
株式会社 アービング
共和ピー・アール株式会社

撮影協力
株式会社韓国広場
ナショナル麻布

リュ・シウォン食堂

著　者：リュ・シウォン
２００５年２月７日　第１刷発行

編集人：阿蘇品 蔵
発行人：阿蘇品 蔵
発行所：株式会社 主婦と生活社
〒１０４-８３５７　東京都中央区京橋３-５-７
編集部：tel.０３-３５６３-５１９４
販売部：tel.０３-３５６３-５１２１
印刷・製本：図書印刷株式会社
ISBN4-391-13046-7

落丁乱丁その他不良本はお取り替えいたします。
©irving/©SHUFU TO SEIKATSUSHA,2005,Printed in Japan